JN012654

人生100年時代の
ローン活用術

有価証券ポートフォリオを活用した戦略的借入れの実践

トーマス J. アンダーソン＝著
THOMAS J. ANDERSON

木村賢治＝監訳
野村信託銀行株式会社 代表取締役社長

T H E
V A L U E
O F
D E B T

一般社団法人 **金融財政事情研究会**

THE VALUE OF DEBT
by Thomas J. Anderson

著者より日本語版の読者へ

　「The Value of Debt」が、日本で翻訳出版されることを大変光栄に思います。私は金融サービス業界での経験を通じて、人々が多額の借入れをするか、あるいは借入れを全くしないかのどちらかであることに気付きました。この現象は私の母国だけでなく、世界中であてはまるものです。私は、その最適な中間地点があると考えています。本書では、最適な額を、適切な方法で借り入れることを論じています。

　同じくらい重要なこととして、最も低い金利で最も適切な期間の借入れを行うために、バランスシートを用いることについて説明しています。この際、より全体的な視点を持つことが重要です。自動車ローンや事業ローンと比べてより良い借入れ方法が利用可能なのに、これらのローンを利用する理由があるのでしょうか。私はいつも、非常に多くの人が有価証券を担保とした与信枠を適切に活用できる可能性に気付いていないということに大変驚かされます。本書では、この新しい革新的ソリューションを紹介しています。

　さらに重要なことは、与信枠を事前に設定しておくことの有効性とメリットです。このことは本書からの重要なメッセージです。残念なことに、人生の過程で不運なことは起こりえます。事前に流動性を得られるようにしておくことでしか、危機からあなたを守ってくれるものはありません。事前に与信枠を設定しておくことは、他の何にも勝る対策なのです。たとえ長い間あなたが借入れを行わないとしても、与信枠を設定しておくことは人生をより平穏なものにします。もしあなたが何の対策もしていないのであれば、私は与信枠を設定することのリスクと利点を検討することを勧めます。

　ここで、長寿化について考えてみましょう。私たちの寿命は延びており、より長い人生において収支を合わせる必要があります。借入れの決断は、借入額がそれほど多くなくとも、ほぼ間違いなく長期的に私たちの純資産を決定する要因となります。全体的な資産管理の戦略を立てることによって、私たちは90歳になった時に、キャット・フードを食べるような悲惨な境遇に陥

ることを避けることができます。

　本書は、2013年に米国で最初に出版されました。私は、本書が時代や国、経済環境を超えて通用するものになるように執筆しました。本書の目的は、適切な借入比率と事前の流動性アクセスに関する考え方の基礎を確立することです。これらの考え方が最も時宜に適い、必要とされているのは世界中で日本であると私は確信しています。

　本書の「補論C」の中の「あなたは将来に備えていますか」における考え方は、現在の日本において非常に強くあてはまります。借入れは、ある通貨に対する先行きの見方を反映します。日本の投資家が持つ、ここ数十年で最も低い金利で借りて世界中の資産を購入できる能力は、何にも勝ります。これらの戦略を活用するには、今が間違いなく絶好の機会と言えるでしょう。しかし、このことは慎重かつ責任を持って行う必要があります。私の目標は、本書で述べた考え方により伝統的な概念に立ち向かい、人々の思考を促すことです。本書は、あなたがファイナンシャル・アドバイザーと意味のある議論を行うための道筋と補助レールを提供するものであり、それによってあなたは最小のリスクで、成功の確率を最大限に高めることができるでしょう。

トム・アンダーソン

日本語版の出版に際して

　「貯蓄」から「投資」、あるいは「資産形成」へ、と言われて久しい。世界で最初に超高齢化社会を迎えようとしている日本にとって、個々人の自助努力による早期かつ継続的な「資産形成」の取組みを通して、「人生100年時代」の長くなった退職後の生活に備える仕組みを社会として整備していくことは極めて重要、かつ、深刻な課題であると言えると思います。

　2012年12月に発足した安倍政権の下で、日本政府もこの点について高い問題意識を持ち、「貯蓄」から「資産形成」への流れを後押しすべくさまざまな政策的な施策が実行に移されてきました。また、銀行や証券会社、保険会社を含めた民間金融機関も、こぞって「貯蓄」から「資産形成」への流れを加速すべく、さまざまな取組みを行ってきました。

　残念ながら、それにも関わらず、日本の個人金融資産に占める「資産形成」に関わる比率は、ほとんど変わっていません。日本の個人金融資産の過半はいまだに「預貯金」に滞留しており、「資産形成」に関わる部分は16%程度と、米国における「預貯金」と「資産形成」の比率のほぼ真逆の状態となっています。

　日本では、「借入れ」は「悪いもの」との認識を持つ人が多く、いざという時のために十分な現金を持っておきたいという人も多いと思います。本書に出会うまで、米国においては「借入れ」は「悪いもの」との意識が低く、「借入れ」を上手に使ってやりくりをするというカルチャーの違いがあり、それが日米における個人金融資産に占める「預貯金」と「資産形成」の比率の違いに反映されているのではないか、と勝手な想像をしていました。

　ところが、本書の著者であるトム・アンダーソン氏は、本書の第1章で、実は米国においても多くの人が「借入れ」は「悪いもの」と思っており、結果として、大多数の個人は、借入比率が劇的に高すぎるか、あるいは、借入比率があまりにも低すぎると述べています。

　一方で、世界中の企業は「借入れ」の意義を認め、いかにキャッシュ・

リッチな企業であっても最適な借入比率を意図的に追求していると述べています。戦略的な「借入れ」を実践することにより、長期的にさまざまなアドバンテージを享受できる可能性があり、個人も企業のように「借入れ」の意義を認め、戦略的に活用することを検討すべきだと主張しています。これらの指摘に、これまでの私の勝手な思い込みが、実は全くの見当違いだったと衝撃を覚えました。

そう思って調べてみると、米国において大手リテール証券会社が顧客に対しグループ銀行から提供する有価証券担保ローンの残高は、一部の大手を除き2010年頃までは低水準で推移してきましたが、その後に本格的な取組みを始めるところが相次ぎ、大手リテール証券会社の定番商品として残高を大幅に拡大させています。例えば、最大手の1社であるモルガン・スタンレーが証券個人顧客に提供する有価証券担保ローン事業は2010年頃に立ち上がりましたが、2018年末には5兆円近い規模にまで増大しています。

トム・アンダーソン氏は、シカゴ大学大学院でMBAを取得し、投資銀行業務に従事した後、長期にわたって富裕層向けビジネスに携わり、この分野で傑出した評価を得てきました。その経験から、大多数の個人が、「借入れ」は「悪いもの」「回避すべきもの」「可能な限り早く返済すべきもの」との認識を持っており、企業や一部の富裕層のように「借入れ」の意義を認め、戦略的に活用する意識がないことは社会的に見て大きな損失であり、「資産形成」における「借入れ」の意義や戦略的な活用方法をより多くの人に知って欲しい、との強い意図を持って2013年に本書の原本である「The Value of Debt」を出版しています。

出版後、「The Value of Debt」は大きな反響を呼び、New York Timesによる同年のベストセラーに輝きました。これを受けて、2015年に「The Value of Debt in Retirement」、2017年に「The Value of Debt in Building Wealth」と続編が出版されています。

日本語版の出版に際しては、これら3作の内容を比較検討した結果、出版時期は一番古いものの、「借入れ」の意義や資産・負債のすべてを把握したうえでの全体的（ホリスティック）なアプローチ採用の有用性について基本

からかみ砕いて記述した最初の「The Value of Debt」が日本の多くの読者にとって最も適切だろうと考え、採用しました。

一方で、2013年に執筆された「The Value of Debt」は、当時の米国における各種制度や金利水準を含めた当時の市場環境をベースとした記述となっており、日本における制度や現在の日本の金利水準とは一定のギャップがあることは否めません。そこで、そのギャップを多少とも埋めるべく、日本の読者の方々向けに「日本の読者のために」という追加コラムをいくつか設けています。読者の皆さんにとって、本書の内容の理解を深めていただく一助となれば幸いです。

なお、原本にあったもっぱら米国の制度等をベースとした記述部分については、一部割愛させていただいています。章立ての関係で、本書の中にも、米国の制度等をベースとした記載が一部残っていますが、その点については、深く追求せず、読み飛ばしていただいても本書の主旨についてはご理解いただけるものと考えています。

また、著者は本書の読者のメイン・ターゲットとして、著者が長らくファイナンシャル・アドバイザーとして担当してきた米国の富裕層を想定していたため、事例（ケース・スタディ）における資産・負債の金額がそれを意識したものとなっていますが、本書で示されている「借入れ」の意義や戦略的な活用方法については、絶対額に関わらず、共通したものと考えています。

最後になりますが、著者が「はじめに」や「補論C」を中心に繰り返し述べているように、本書は「資産形成」に関する詳細なハウツーガイドではなく、「借入れ」の賢明で戦略的な活用について読者に理解を深めていただき、個々人の個別の状況を踏まえて、ファイナンシャル・アドバイザーや税理士、弁護士といった外部専門家のアドバイスも受けながら自らの「資産形成」について考える契機としていただきたい、といった主旨で書かれたものです。

「人生100年時代」を迎える日本で、中長期的な「資産形成」について人生のなるべく早い段階で考えていくことは、今後一段と重要になると思います。その際に、本書を通して、従来の「借入れ」＝「悪いもの」という固定概

念を払拭し、戦略的な「借入れ」の活用や個人の資産と負債に対してバランスシート的なアプローチを取ることの重要性についての理解を深めていただくことができれば、本書の目的は果たされたと考えています。

　本書の刊行にあたっては、一般社団法人金融財政事情研究会出版部長の花岡博様に大変お世話になりました。また、日本語版の出版に際しては、「The Value of Debt 翻訳チーム」のメンバーにこの場を借りて感謝申し上げます。

野村信託銀行　社長

木村　賢治

序　文

　金融サービス業は、常に変化し続けています。ニューヨーク証券取引所の一日の出来高は、1970年には、1,000万株を下回ることがよくありましたが、最近ではその500倍となる50億株を超える日も多くなっています。私たちは、米国だけでなく世界中で、証券総合口座の発展や投資信託市場の急速な成長、そして上場投資信託（ETF）やSMA（Separately Managed Account）、ヘッジファンドやプライベート・エクイティ、仕組商品や商品先物投資等といった金融商品が普及するのを見てきました。

　時代とともに、金融アドバイスも進化しています。そうならざるをえなかったのです。顧客には、かつてない程の投資の選択肢があります。グローバル経済は、より深く相互に結びつき、世界の資本市場は、その規模と深さの両面から爆発的な成長を遂げました。金融サービス業は、顧客のニーズに耳を傾け、それに応えてきました。投資家は、今日かつてないほどに、世界中にあるさまざまな仕組みを活用して、広範なアセット・クラスに投資する機会を持っています。

　私たちは今後、どこに向かうのでしょうか。私が、トム・アンダーソンを訪ねた際、彼は本書をまとめている最中でしたが、借入れの適切な活用の利点に関する教育が欠如していることは、著しい怠慢だと指摘しました。私たちのほとんどにあてはまるであろうことですが、トム自身も、小中高、大学、大学院、社会人生活において、そうした教育を受けてきませんでした。企業の借入戦略や資本構成に関した本で図書館を埋め尽くすことはできますが、個人や家族による借入れ活用に関する本は、ほとんどありません。なぜでしょうか。この点について少し考えてみましたが、このトピックを扱う資料、教育、ディベート、議論がないという事実に愕然とせざるをえませんでした。

　金融業界は、往々にして、借入れを個人の家計とは別もの、何らかの外部のものとして、独立して考え、管理してきました。しかし、住宅を購入する

際の住宅ローン、大学の学費のための学生ローン、新車を購入するための自動車ローン等を使ったことがない個人はいるでしょうか。これら資産取得の機会を、個人の総合的な資産管理計画の中で全体として考えることはむしろ常識のように思えます。しかし、実際には、ほとんどそうしたことが行われていません。今日の金融機関やファイナンシャル・アドバイザーは、概ね総合的なソリューションを提案する能力を持っているにも関わらず、そうしたアドバイスを実際に提供するに至っていません。

大半のファイナンシャル・アドバイザーは、株式に関しては適切な助言を行っていますが、バランスシートの反対側の借入れの活用については見落としてきました。借入れの管理に関する的確なアドバイスを受けることは、特に退職後の数年間は、決定的に重要である可能性があります。トムは、金融に関するより良い判断をしたいと考える人々にとって絶対に読むべき本を執筆しました。本書は、顧客に対して完璧な提案を行いたいと考えているファイナンシャル・アドバイザーにとって必読書だと思います。

米国や米国外の有力大学でファイナンスを学び、投資銀行業務やファイナンシャル・アドバイザーを経験したトムのバックグラウンドは、これまで述べてきた現在あるギャップを解消するための独自の捉え方を提供するのにうってつけです。本書におけるトムの考え方は、全体としてまとまりのある資産管理ソリューションへ向けた重要なステップとなる新たな視点を提供しています。

過剰債務や無謀な融資が、近年発生した金融危機の主因となったことはよく知られています。ただし、これは、あなたの持つ矢筒（手段）の中で、借入れが金融面で効果的な矢羽になりえることを無視する理由にはなりません。むしろ、知性を持ち、十分な教育を受けたうえで借入れを考えることの一層の重要性を示しています。投資について言えることは、リスクを伴う一方で、リターンをもたらしえるということです。借入れについても、この考え方があてはまります。

本書の示す考え方は、読者の方々の個々の状況には、あてはまるケースもあれば、あてはまらないケースもあるでしょう。本書の最も重要な貢献は、

答えよりも、より多くの問いかけを生み出すはずだということです。それら
の問いかけは、あなたが税や法律、金融面でのアドバイザーと、あなたのす
べての資産管理に関する、良質で全体を俯瞰した会話に導くでしょう。変化
は絶えず起こっていますが、本書の示すとおり、私たちは、総合的かつ全体
的なアドバイスを受けることで、現在そして将来の変化に対して、よりよく
対処することができるのです。

ロバート・D・クナップ

プレジデント

スーパーノヴァ・コンサルティング・グループ

The Supernova Advisor: Crossing the Invisible

Bridge to Exceptional Client Service and Consistent Growth の著者

謝　辞

　本書は、私の教育と仕事を通じたこれまでのさまざまな経験を結集したものです。まずは、ワシントン大学とシカゴ大学の多くの先生方にお礼を申し上げたいと思います。先生方からは本書の執筆において多大な影響を受けました。ウォートン・ビジネス・スクールのジャフィ教授に対しては、私がCIMA（Chartered Institute of Management Accountants）の最終試験を決して忘れることがないこと、ジャフィ教授の教科書がたびたび本書で引用されていることをご確認いただけると思います。教授の引用文献は、特にコーポレート・ファイナンスに関して追加的な詳細を知りたい読者向けです。

　私がインベストメント・バンキング業務やウェルスマネジメント業務を行っていた頃の同僚には刺激を受けました。私はあなた方一人ひとりから知見を得ました。

　カール・クラウスは、「借入れの意義（The Value of Debt）」を独自のユニークな考え方として定義し、本書の執筆に導いてくれました。彼の助言と指導は、大変貴重なものでした。モリー・チャハクは、本の執筆プロセスと出版業界について教えていただきました。

　フィ・バレルには、数学的なモデルについての支援に関して感謝申し上げます。ジョン・オサコとインフォーマティクス社のチームからは、技術的な素晴らしい手助けを受けました。ラフェ・セイガリンは、とても有能なエージェントで、その助言には大変感謝しています。デビッド・ジルストラとデニー・レドモンドは、貴重なアドバイスをくれ、相談相手になってくれました。

　ジョーダン・S・グルーバーには、私の生煮えの考えや執筆内容を実際に出版可能な原稿にしてもらいました。彼の多大な努力には感謝をしきれません。彼は、私の複雑な考え方をわかりやすい言葉にすることを手助けしてくれた達人です。RJ、彼を紹介してくれて感謝しています。

　私は、本書を出版前に読んでいただき、思慮に富み、洞察力のある助言を

してくれた以下の方々に感謝したいと思います： グレッグ・ボエスター、アレックス・ダンラップ、ジム・ハリス、カート・ハス博士、ケート・ラドキー、ジム・ホフマン、ジョン・ヒューイ、デーブ・クヌース、パトリシア・クヌース、ランディ・クルツ、クリス・メーカー、エリオット・プロチェ、ジェリー・シルク博士、ディック・サイダーズ、ジュリアン・スミス、ネイサン・スワンソン、スティーブ・バノニー。本書は、あなた方のおかげでより良い本になりました。

　ワイリー社の素晴らしいチームの皆さんには、本書の構想から出版段階に至るまでのさまざまな支援に感謝しています。トゥーラ・バタンチェブは、私にとっての北極星の役割を果たしていただき、各ステップで私を指導していただきました。進行編集者のジュディ・ハワースと出版編集者のメリッサ・ロペスは、ともにとても貴重な存在でした。お二人の素晴らしい編集技術に感謝したいと思います。本書に残るすべての誤りは、著者に帰するものです。

　お母さん、私が16歳の時に、ウォール・ストリート・キャンプに送り出してくれてありがとう。あなたがいなかったら、私はこの業界に入っていなかったでしょう。あなたのアドバイスは私にとって貴重で、あなたからの愛とサポートは私の宝物です。

　私のチームには、特に感謝したいと思います： ケリー・アブドネー、ジョン・バンクス、ステイシー・ハリヤード、ダーラ・ルーヴェ、ジョアン・マスターズ、フレッド・ローズ、ジュリー・ヴォート、そしてインターンシップ・アナリストのベン・リーズ。あなた方は、本書に多大な貢献をしてくれただけではなく、我々のビジネスの成長と高いクオリティーを維持しつつ、私が本書を執筆するために時間を注ぐことを可能にしてくれました。

　子供たち、今と未来のあなたたちを愛しています。私は、あなたたちの父親であることを誇りに思います。あなたたちは、私がかつて想像もしていなかった大きな喜びを与えてくれています。

　サラ、あなたは、あらゆる面で私の人生の素晴らしいパートナーです。あなたなくして、このようなことは不可能でした。私は、あなたのおかげで人

間としてより向上し、人生をより楽しんでいます。あなたのことを愛しています。

はじめに

　本書は、誰のために書かれたものでしょう。本書は、万人のための本では**必ずしもありません**。この本を最大限に活用するためには、読者は次の3つの条件を満たすことが必要です。

1　まず第1に、**開かれた心を持つことです**。

2　そして、第2に、**同様に開かれた心を持ち、本書の中で提案している戦略、行動、戦術の実践を支援することができる進歩的かつ全体的な視点を持つファイナンシャル・アドバイザーまたはプライベート・バンカーと一緒に取り組むことがたぶん必要でしょう**（もし、あなた自身がファイナンシャル・アドバイザーかプライベート・バンカーである場合、本書は3つの条件を満たすあなたのお客様のためのものであると同時に、あなた自身のためのものであると考えていただきたいと思います。本書で紹介している考え方は、少なくともあなたのお客様の一定数に対して、はるかによい提案をすることにつながる可能性があります）。

3　第3に、**本書の中で紹介している考え方を実践するための十分な投資可能な資産を保有していることです**。ただし、この点については、すでに現時点でこの条件を満たしている場合であっても、将来的に満たす可能性があるのであっても構いません。

　「十分な資産」については、意図的にあいまいな表現にしています。当初は、本書は、富裕な投資家層をターゲットとして書かれました。具体的には、自らの居住用住宅を除いた純資産が、100万ドルを超える方々です。この点については、本書を読み進める際に気に留めておいていただきたいと思います。一方で、個々人の状況はさまざまです。本書で紹介している考え方が、あなたやあなたの家庭の資産や収入、目標や目的に照らして適切なものかどうかは、あなたのファイナンシャル・アドバイザー等とよく相談して判断していただく必要があります。

仮に、もし、あなたが現時点では十分な投資可能資産を持っていなかったとしても、おそらく、本書が紹介している考え方の多くについて有益で興味深いと思われると思います。そして、いずれは自らの資産管理に取り入れていきたいと考えるでしょう。しかしながら、**本書で示している概念や原則の多くは、十分な純資産を持たない個人に対しては、効果的に適用できるものではありません。**実際のところ、本書が紹介している考え方の多くは、純資産の水準が低い人が活用しようとした場合、そして、特に概念を不適切に適用した場合、大変ネガティブな影響を与える可能性があります。

　もし、あなたが「十分な資産」を持つ本書の主な対象層にまだ含まれない場合でも、本書の考え方が興味深いと思う場合は、「補論B」の「若年層や資産が限られている人のための戦略的借入れの実践」をご覧ください。「補論B」では、本書が紹介している考え方を、思考の枠組みや行動に向けたガイドとして、若年層や資産の限られている人が、どのように活用すべきかについて議論しています。

　一般的に言って、本書が紹介している考え方や、原則、実践方法を活用する際に**最も望ましい層**は、以下の個人や家族です。

・十分な投資可能資産を保有している。
・退職後にゆとりを持つための準備をしたいと考えている。
・突然の何らかの出来事や自然災害等が起こったとしても、長期にわたって家族のメンバーの面倒をみていきたいと考えている。
・税効率の最適化やセカンドハウス等の実物資産を効果的に購入することに関心がある。

　もし、あなたが本書の主な対象層の一人だとしたら、次の質問は、**あなたが本書が紹介している考え方を最も効果的に活用するにはどうしたらいいか、**でしょう。この質問は、本書が何か、何ではないかという新たな質問に導きます。

端的に言ってしまえば、本書は、**一般的なガイド**です。本書は、あなたの
バランスシートの両側、すなわち負債と資産の両方を、包括的かつ全体的に
管理し、最適な額の戦略的な借入れを実行し、賢く活用する方法を示してい
ます。他方、**本書は、本書が紹介している考え方を実践するための詳細なハ
ウツーガイドではありません。**すでにこの章で触れたとおり、もし、あなた
が本書で紹介している考え方を実践しようと考えているのであれば、そのた
めの最良の方法だけではなく、それが本当にあなたにあっているかを教えて
くれる知識豊富なファイナンシャル・アドバイザーかプライベート・バン
カーに相談すべきでしょう。

　最もリスク回避的な人々、つまりリスク許容度が最も低く、予想外の
ショックに対する心理面あるいは金融面での対応力が最も低い人々でさえ、
本書が紹介している考え方から恩恵を得られる可能性があります。そうした
人たちは、少なくとも後述する有価証券担保ローン（Securities-Based Lend-
ing, SBL）の設定を真剣に検討したいと考えるかもしれません。

　もし、あなたが前述した本書の主な対象層の定義にあてはまる場合であっ
ても、本書が紹介する考え方を実践することが適切でない可能性があるのは
なぜでしょうか。そう、人生にはリスクがあり、リスクとリターンは直接的
に関係しています。もし本書の考え方と実践がリスクを全体的に抑制する方
向に働き、さまざまな形で長期的な恩恵を与えると考えられるとしても、物
事が変わる可能性、こうした考え方が逆効果になる可能性、あるいは、あな
たにとっては適切ではない可能性を想定しておく必要があります。**この点に
関連して言えば、「補論C」はたぶん本書で最も重要な部分です。必読部分
だと言えます。**初期の原稿では、「補論C」のタイトルは、「本書の考え方が
あなたに適切でない理由」でした。

　「補論C」に加えて、各章末に記載した、あなたのファイナンシャル・ア
ドバイザーとの議論のための追加的リスクとトピックを読むことも重要で
す。多くの免責条項やリスク・ファクターに関する説明を本文中で繰り返し
述べることを避けるために、リスクに関する重要な情報については補論およ
び脚注に整理していますので、よく目を通してください。したがって、本書

のすべての考え方については一体として捉える必要があることを認識することが重要です。本書を読む際に、その一部のみを読むことはお勧めできません。このことは、本書を通したリスクと免責条項についての考察にもあてはまります。本書の内容は、すべてに相互関連性があり、一体として捉える必要があります。本書は、本書で示している概念のリスクと潜在的メリットについて、あなたとあなたのファイナンシャル・アドバイザーに思慮深い会話、厳格な議論を促す目的で書かれたものです。

■ 購入する余裕がないものを購入するための本ではなく、戦略についての本

> 本書が購入する余裕がないものを購入するための本ではないことを理解することは極めて重要です。本書は、あなたが購入可能なものについてより良い資金調達や支払いの方法を説明するための本です。

以前、私がプレゼンテーションをした後に、何人かの人から「あなたの目的は、皆に多くの借入れをさせることなのですね」と言われました。

それは、本書の目的では**ありません**。むしろ、最適な資産管理に関する考え方や概念を示し、人々が借入れに関する戦略を持つよう促すことを意図しています。ほとんどのケースで、人々は多すぎる借入れをしているか、借入れをことごとく嫌がり、借入れが少なすぎます。最適な中間地点があるのです。したがって、本書の目的は、最適な借入戦略を立てるための合理的な枠組みを提示することです。

■ 本書の本当の目的

本書で説明している個別の戦略は、実は、読者の固有の状況に最適とは言

えない可能性があります。しかし、本書で示している考え方は、読者が自ら
の固有の状況を踏まえた最適な借入哲学を構築するための基礎作りの助けと
なるでしょう。ある意味では、**本書の本当の目的は、借入れの賢明で戦略的
な活用についての、読者の基本的な仮定や信念に挑戦することです**。理想と
しては、本書が成功しているとすれば、答えよりもずっと多くの問いを生み
出すでしょう。読者自身の状況を踏まえて、読者が、自らのファイナンシャ
ル・アドバイザーや税理士、弁護士と一緒に追求すべき問いです。

　著者の目から見ると、読者がこの本を読み終えるまでに、以下に挙げる点
のいくつか、あるいはすべてを行うとしたら、本書は成功であろうと考えて
います。

・人生のあらゆる場面で幾らかの借入れを行うことを選択する。
・退職までの時期は、借入れを積極的には返済しないことを選択する。
・退職時に、政府に対して支払う税額について、可能な範囲で自分で選択す
　る（あなたが支払う必要のある税額を政府からの通知のみに任せるのではなく）。
・最適な借入比率とその変化について考え、把握し続ける。
・潜在的な財務的困難のコスト、インパクトのレベル、期間を抑制する方法
　を考える。
・答えよりも多くの問いをもつ。

本書の執筆理由

親愛なる読者の皆さまへ
　本書のこうした囲みを通して、私は時折、あなた方により直接的に、
くだけた調子で語りかけます。ここでは、まず私が本書を執筆した理由
について簡潔に述べたいと思います。実際にはとても単純な理由です。
　長年、私は本書で紹介している考え方や実践方法を教えてきました。
借入れにより創出される価値、つまり、戦略的に借入れの利点を活用
し、長期的観点から資産状況を改善する方法を知って興奮し、少なから

ず驚嘆した人から、私はこれらの考え方の詳細な適用方法を何度も質問されてきました。

　私は、オンライン、オフラインを問わずにあちこちを探し回りましたが、同じような考え方の書き物などは見つけられませんでした。そこで、人々がこうした考え方にすでに大きな価値を見出しているということを踏まえて、思い切って自分自身でわかりやすい本を執筆することを決めました（ただし、特定の手法を完全に理解し実践するためには適切なファイナンシャル・アドバイザーの助言が必要になるでしょう）。

　本書はまず、戦略的な借入哲学の確固たる基礎を築くことから始まります。その後、本書の重要な鍵の一つである、有価証券担保ローンを自由に活用できることの大きなメリットを理解することへと進みます。次にこうしたツールを使って、成功へのシナリオを探求し、ケース・スタディを提供します。

　しっかりした基礎は、人生におけるすべての物事にとって不可欠ですが、戦略的借入哲学を形成し実践するには、特に必要なことです。このようなテーマに関する知識やなじみがあるかどうかに関わらず、基礎部分をとばして、ケース・スタディに取り組むことは薦めません。

　この手の本では、ケース・スタディは複雑になるものです。物事は事例がなければ理解が難しいものですが、単純な事例を複雑な人生に対してあてはめてしまうというリスクもあります。個々の状況は、一般化することが難しい多面的なものです。本書のすべてのケース・スタディは、教育目的かつ説明目的で使用されており、読者の個別の状況に関して、ファイナンシャル・アドバイザーと実りのある会話を行うことを手助けするために活用されるべきです。これらのケース・スタディは、読者の個別の状況に直接あてはめられることはできませんし、そのように意図されていません。ケース・スタディで示された考え方にはさまざまなリスクがありますし、もちろんすべての借入れは貸し手の基準を満たし、承認されなければなりません。

　こうしたリスクがあることから、私は補論と脚注に目を通すこと、自

らの哲学がストレス状況下でも通用するか確かめること、広範囲にわたる結果にできる限り備えることの重要性を強調したいと思います。さらに、あなたのニーズ、ゴール、資産状況、リスク許容度に基づいて、これらの考え方を実践する際に、卓越したプロのファイナンシャル・アドバイザーのグループに相談する重要性、必要性、意義を過小評価しないでください。

　本書の提供する一般読者向けの内容以上に、詳細を知りたいと考える読者が必ず出てくると思います。あなたが、アカデミックな金融のバックグラウンドを持っていれば、本書の理論的な基礎は、世界中の大学院や大学のビジネス・コースで教えられているファイナンスや会計の内容であることに気付くでしょう。また、ファイナンスで最も有名ないくつかの理論が直接的に、または間接的に参照されていることにも気が付かれると思います。ただし、専門的なファイナンスの参考文献の多くは、広範な読者層にとっての読みやすさの観点から脚注に含めています。

　ここで金利やグローバル経済に関して少し触れておきたいと思います。本書で紹介している考え方は、国境や時代を超えて活用することが可能です。もちろん、多くの国々やさまざまな経済状況において、私たちが人生のうちに目撃する事象は広範囲にわたります。本書では、現在（訳注：本書が出版された2013年当時）の経済環境に基づく金利を用いていますが、本書の考え方は、1980年においても同様に適用することが可能でしょう。私は、特定の国の状況に偏らずに中立な内容とすることを心掛けましたが、特に税に関しては、米国に特有の事例が多く含まれています。本書の多くの考え方は、世界中の国々で、また多くの経済環境において、適用することが可能です。したがって、住んでいる場所に関わらず、「もし〜だったら」と想像することは良い訓練になるかもしれません。例えば、本書の考え方を1970年代の米国、1920年代のフランス、1960年代の英国、2000年代の日本、1990年代のアルゼンチンにあてはめて考えるというようなことです。

　私は、読者の皆さまが、本書に大きな価値を認め、自分自身の戦略的

な借入哲学を構築し、実践する気持ちになることを願っています。

トム・アンダーソン

目　　次

第4部　補　論

第 1 部

資産管理における借入れの意義

「無知こそは神の呪い、知識こそは天にいたる翼である」

ウィリアム・シェイクスピア『ヘンリー六世 第二部』

（小田島雄志訳、白水社、1993年）

第1章

戦略的借入哲学の概要

■ この本がいかにしてあなたの人生に価値を付け加えるか

　本書の目的は、個人と家族の資産管理における借入れの意義について新しい視点を提示することです。ほとんどすべての企業はすでに資産と負債というバランスシートの両サイドに目を向け、最適な借入比率を意識的に策定しようとしています[1]。それに対して、大多数の個人は、裕福かそうでないかに関わらず、**劇的に借入比率が高すぎるか（借金が多すぎる）、あるいは、正反対に借入比率があまりにも低すぎます（借金が全くない）**[2]。後者においては、借入れは常に悪いものであり、ほとんど常に回避すべきであり、もし借金を負った際には可能な限り早く返済すべきであるという考え方が一般的です。

　しかし、ほとんどすべての企業が借入れの意義を認め、最適な借入比率を追求していることには理由があります[3]。簡単に言えば、これらの企業は、戦略的に借入れを行い、管理することによって、その借入れに付随する利点（以下「**借入利用の強み**」と呼びます）を活用できることを理解しています。後述するように、この強みには「流動性の向上」、「柔軟性の向上」、「レバレッジの引き上げ」、「持続可能性の強化」があります。

　結論から言いますと、ほとんどの人が借入れに対する条件反射的な嫌悪感を抱えているにも関わらず、借入利用の強みの活用は、中程度の富裕層から

超富裕層までの多くの富裕な個人と家族にとって長期的に相当なアドバンテージをもたらす可能性があります。詳細については後の章で述べますが、まず最初に借入れを戦略的に活用することにより読者の皆さんおよびそのご家族は、以下のようなことができるようになります。

・自然災害や健康面での危機などの、ほぼあらゆる種類の個人的な困難に対応するために必要な資金を迅速に確保すること。
・退職後に税効率の高い収入を創出すること（無税となる可能性もあります）。
・はるかに安い方法でセカンドハウスを購入すること。
・借入コストと投資収益の間の「スプレッドを取る」ことにより、徐々に資産を増やすこと（これは適切な低リスク投資戦略の採用によって実現可能であると想定されます）。

戦略的借入哲学の5つの教義（行動原則）

戦略的借入哲学の中核をなす5つの教義（行動原則）は以下のとおりです。

1　局所的なアプローチではなく、全体的なアプローチを採用しなさい。
2　企業のような思考と行動を探求しなさい。
3　個人の借入れに関する一般的な見解の限界を理解しなさい。
4　自分にとっての最適な借入比率を目指しなさい。
5　開かれた心を持ち、問いかけを行い、どんな方法に効果があるか検証しなさい。

それぞれの行動原則は、採用しなさい、探求しなさい、理解しなさい、など、特定の行動を起こさせるように命令形の言葉で表現されています。これは、本章が戦略的借入「**哲学**」に関する章であるにも関わらず、ぼんやりした空想にふけるような意図はないことを読者に知らせるためです。本書で推

奨している戦略的借入れの具体的な実践方法を取り入れる前に、自分の中で検討し、問いかけを行い、配偶者や家族、そして専門家に相談するなど、必ずやるべきことがあります。それでは、5つの教義に移りましょう。

第1教義：局所的なアプローチではなく、全体的なアプローチを採用しなさい

戦略的借入哲学の最初の教義は、**全体的な**アプローチを採用することです。ついでに言えば、それはすべての真の資産管理の哲学の最初の教義でもあります。メリアム・ウェブスター・ドットコムは、「ホリスティック（全体的な）」という言葉を「各部分の分析、扱い、または各部分への分解ではなく、全部もしくは完全な体系に関連している」と定義しています。また、ザ・フリー・ディクショナリー・ドットコムは「全体と部分の相互依存の重要性を強調している」と定義しています。

本書の説明においては、「ホリスティック」と「コンプリヘンシブ（包括的な）」という用語は同様の意味を持ちます。全体的な資産管理のアプローチは、典型的な投資ポートフォリオ的なアプローチをはるかに超えるものです。全体的なアプローチでは、個人と家族のニーズ、ゴール、夢から始まり、そして現在の経済状況や保有資産の全体を視野に入れ、不動産や退職後の計画から税金や終末期の懸念のための保険（医療、居住、医療行為に同意を与える代理人の権限など）まで、あらゆる要素を考慮したうえで、最後にキャッシュフローのニーズと予測を順序だてて逆算します。

全体的なアプローチの重要な特徴は、分析と行動を細かくサイロ化しないことです。サイロ化した場合、車の購入から長期的な投資に至るまで、あらゆる決定が個人と家族の資産全体に与える影響や効果を考慮せずに行われることになります。一方、全体的なアプローチの下では、最も一般的なものから細かい部分までのすべての要素（またそのすべてが他のすべてとどのように相互作用するのかまで）を多様な角度から考慮するように最善が尽くされます。そのため、十分な情報に基づいた最善の意思決定を行うには、多くの場合、税理士、弁護士、保険の専門家などに助言を求めることになります。

借入れの意義に対して、局所的なアプローチや細分化されたアプローチではなく、全体的なアプローチを採用することで、さまざまな効果と成果がもたらされます。まず、本章および本書の残りの部分で説明するように、資産と借入れの両方を見ることが非常に重要であることが示されます。第二に、資産と負債の両面を見る全体的な資産管理のアプローチを採用しなければ、全体的な資産管理の哲学を採用し、それを追求することは不可能ではないにしても、とても難しくなります。つまり、資産と負債それぞれについて知られているすべての要素を考慮することは、包括的な資産管理のアプローチから最大の価値を引き出すために不可欠です。最後に、戦略的借入哲学について全体的なアプローチを採用することによって、第2章で詳細に説明される4つの借入利用の強みを探求することが可能となります。

第2教義：企業のような思考と行動を探求しなさい

『コーポレート・ファイナンスの原理』（ロス、ウェスターフィールド、ジャフィ）によると

　　　財務管理の目的は、所有者のためにお金を稼ぐか価値を追加することである[4]。

　企業は一般的に利益を得ることに焦点をあてています。つまり、非営利企業を除いて大多数の場合、企業の存在理由は、経済的に成功することです[5]。したがって、お金に関する限り、企業は万事心得ている傾向があると言えるでしょう。これは、裕福な個人と家族にとって企業のように思考し、行動しようとすることが重要である理由の一つとなります。

　企業のように思考し、行動することに対する一つの反対意見として、実際には個人と家族は会社では**なく**、利益を得ることを主な目的として**いない**ことが挙げられます。それも然りだと思います。しかし、企業的な思考と行動を探求してみることは、個人と家族にたくさんの恩恵をもたらす可能性があ

ることも事実だと思います。重要なことですが、企業は多くの場合、個人と家族に比べてお金をめぐる事項に関してはるかに客観的な姿勢を持っています。そのため、最終的な目的は異なるとしても、企業がどう思考し、何をしているかについて学ぶことで、多くの有益な知識を得られます。別の言い方をしますと、あなたは個人または家族として、主に利益をあげることに焦点をあてていないかもしれませんが、それでもあなたは、「人生というビジネス」を続けるためにいつでも使える十分な資金を必要としている、収入と支出からなるシステムを築いています。

　また、企業には、財務分野において何がよくて、何がよくないかをしっかり理解している最高財務責任者（CFO）という金融専門の指導者がいます[6]。これらの専門家はベスト・プラクティスに関する数多くの訓練や教育を受け、豊富な知識を持っています。大多数のCFOが特定のプラクティスにしたがっているのであれば、それには正当な理由があるはずです。

　企業のように思考し、行動することに対しては、別の反対意見もあります。個人と家族と比べて、利益を追求する企業は、たとえ最終的に倒産することになってもリスクを負う傾向が強いと考えられるという意見です。つまり、ほとんどの場合、企業は利益をあげることに最も集中しているため、個人や家族が負いたがらないリスクにつながる行動を取ることがあるというわけです。こうした意見が真実かどうかはともかくとして、少なくとも企業の思考と行動を単純に研究することから学べる重要な教訓が全くないとは言い切れません。

　ここまでは企業のように思考し、行動することを検討する理由と反対意見をみてきました。続いて、戦略的借入哲学に関する全体的なアプローチにおいて、企業の思考や行動の特徴についてみていきます。まず最も重要なことですが、下記の真の命題について考えてみましょう。

　　規模を問わず、ほぼすべての企業は、資産と負債の両方があるバランスシートに対して全体的なアプローチを採っています[7]。

本書を執筆している時点で、米国にはAAAの格付を付与されている上場企業が4社あります（ちなみにその4社でさえ、さまざまな借入形態を利用しています！[8]）。これは、借入れを完済できるほど大きくて裕福な企業が少ないということではありません（例えば、コカ・コーラ、ウォルマート、プロクター・アンド・ギャンブル（P&G）は、すべての借入れを返済しようとしてもできないものでしょうか？　もちろんできます。……しかし、そうしていないし、これからもそうしようとしないでしょう）。むしろ、**財務的な成功に注力する企業は、意識的に最適量の負債を持つことを選んでいるということなのです。**

　もちろん、企業はどれだけの負債を抱えているか、負債がどのように構成されているかに留意していますが、意図を持って負債を取り入れ、バランスシートに計上するのです。それは、企業が流動性の向上、運転資金の増加、長期的な持続可能性の強化といった借入利用の強み（その詳しい説明は後述）を活かしたいからです。そして、企業の借入れには、特定の使途を持つ借入れ（例えば自社株買いのための社債発行など）だけでなく、最適借入比率（資産と負債の最適な比率）を測定しそれを達成する目的の借入れも含まれます[9]。

　企業にとっての最適な借入比率がどの程度であるかについては、多くの研究がなされています。ユージーン・ブリグハムとジョエル・ヒューストンが『財務管理の基礎（*Fundamentals of Financial Management*）』（2004年）で、「最適な資本構成は、企業の株価を最大化するために、リスクとリターンのバランスをとったものでなければならない」ことについて説明しています。世の中の企業の平均借入比率が実際にどうなっているかについては後の章で述べます[10]。

　考えてみれば、すべての株主は企業の成功を望み、要求し、期待していることは間違いありません。企業の資本構成の適切な設計とその実現、そして企業の総体的な負債哲学は、株主の期待の重要な成功要素です。興味深いことに、企業の資金調達の99%は借入れでまかなわれるべきであり、株主資本は1%でよいという理論さえあります！[11]　それらの中には、コーポレート・

ファイナンスと最適資本構成に関する分野でノーベル賞を受賞した理論もあります。これらのアカデミックな考察をよく理解し、自分の人生に役立たせることができるものがないかを検討することが重要です。

> もしあなたが公開企業のCFOで、最適借入比率の達成に注力しなかった場合どうなるかわかるでしょうか?
> そう。クビになるかもしれません!

では、企業におけるCFOの役割について考えてみましょう。彼または彼女の仕事は、企業のバランスシートに対して**全体的な**アプローチを採ることから始まります。そのためにまず、企業の総資産と、企業が財務的困難に直面する可能性を考慮し、その財務的困難に伴う直接的および間接的コスト、その影響度、およびその期間について考察します(詳細については第2章を参照)。

続いて、CFOはこれらの要素を念頭に置きながら、企業のキャッシュフローのニーズを測定し、流動性、柔軟性、レバレッジおよび持続可能性の強化という借入利用の強みを活かすにはどの程度の借入れを行うべきかを検討します。適切な額の負債を適切な方法で組成することが極めて重要です。なぜなら、借入れを増加させて過剰なリスクを取った場合、倒産する可能性が高まるからです。適切な種類の借入れを適度に行わなければ、企業価値を最大化することができず、流動性危機に陥るか、または敵対的買収に見舞われる可能性が高くなります。したがって、ほとんどの企業が毎年一定の借入比率を維持していることは驚くべきことではありません(あまりにも多くの借金を抱えているか、借入れをできるだけ早く完済したいと思っている個人とは対照的です)[12]。

> 企業が戦略的借入哲学に深くコミットし、その実践に意欲的に取り組んでいるとすれば、あなたは、現に生きている個人として、または家族の長として、少なくともファイナンシャル・アドバイザーと相談し、そ

　企業とその CFO は、全体的な視野をもって、これらすべてのことを検討するために多くの時間を割り当てています。つまり、ほとんどすべての企業が行っていることと、裕福な個人と家族が行ったり、検討しようとしたりすることとの間に、信じられないほどの断絶があるということをよく理解する必要があります。

　すでに述べたとおり、個人は明らかに企業ではありません。しかし、両者が同一であるというのが極端とすれば、全く共通点がないというのも同じくらい極端です。私たちの目標は、その中間領域を探すことです。

あなたにもできる、企業がやっているもう一つのこと

　お金儲けを目指している企業の思考と行動について学ぶ一方で、他にも企業がやっていて、あなたにもたぶんできることがあることを指摘しておきます。それは、分割償還を可能な限り避けることです。

　米国の公開企業が発行する社債は100%、元本一括返済方式となっています[13]。

　ゼネラル・エレクトリック（GE）やコカ・コーラ（その他の大企業も）から社債を購入した場合、借入期間中には利子（クーポン）のみが支払われます。元本を受け取るのは、期限前償還期日か満期日となります。すべての社債は元本一括返済方式であるにも関わらず、多くの個人が車や家などの借入金を分割償還しているのはなぜでしょうか。

　後で説明しますが、CFO は、**何らかの債務の返済義務があるということ**が、資金管理の柔軟性を低下させ、最終的には財務的困難のリスクとコストを高めることを知っているのです。

第3教義：個人の借入れに関する一般的な見解の限界を理解しなさい

　企業がバランスシートについて検討する際に採用している包括的な考え方と、大多数の個人が持つ考え方との間のこの「信じられないほどの断絶」をどのように理解できるでしょうか。すべては大衆文化における借入れに対する見方から始まります。例えば、偉大なウィリアム・シェイクスピアの言葉を考えてみましょう。**ハムレット**の劇の中で、ポローニアス卿がこう言いました。

　　　　金は貸すのも借りるのも、罷りならぬ。

　　　　貸せば、金と友、両方ともに失い、

　　　　借りれば、倹約の心が鈍る。

　　　　　　　　　　　　　　　　（野島秀勝訳、岩波文庫、2002年）

　基本的には、借入れ（借金）はひどい評判を得ています。あなたが尊敬する人が「私は貯蓄家で、借金はしない」と言うのを聞くかもしれません。あるいは、祖父母や他の親戚が「私が死ぬ時には、子供や孫に自分の債務ではなく、財産を残すために、借金なしで死にたい」と言うかもしれません。そして、もしかしたら、ある独立心の強い知人に何度も繰り返し「他人、特に銀行や他の金融機関に弱みを握られたくない」と言われているかもしれません。

　この一般的で広範に普及している借入れについての否定的な見方は、個人や家族向けに書かれた金融に関する記事や本にも見られます。本書をまとめる過程で、戦略的借入れの哲学と実践が公正に評価され、検討されているかどうかを確認するために、徹底的なオンライン調査を実施しました。条件変更や借換えを行い、できるだけ早く借金から脱け出す最善の方法に焦点をあてた数多くのオンライン記事をたくさん読みましたが、借入れに関して何らかの肯定的な意見を示す記事を約20件発見しました。

　この20件ほどの記事では主に、良い借入れ（例えば、教育を受けるための借

入れや住宅ローン。これらについては後述します）と悪い借入れ（クレジットカードの借金など）の違いについて説明されていました。ただし、これらの記事の一つたりとも、裕福な個人と家族が生涯を通じて最適な借入比率を目指すべきだという考え方を推奨していませんでした。その代わりに、すべての借入れは悪であるという過度に単純化された考え方がたびたび取り上げられ、最終的にすべての借入れを取り除くことの重要性が繰り返し強調されていました。

したがって、私たちが直面しているのは、借入れに対する条件反射的な拒否反応、言い換えれば、借入れに対して根強く浸透している嫌悪感です。ある意味では、これは理にかなっています。なぜなら、多くの人々は、**借入れを完全に回避しようとしている**（借入れが全くないか、無借金を目指している）か、**あまりにも多くの借金を抱えており**、過剰なレバレッジにより財務的困難のリスクが高まっているからです。他人がトラブルに巻き込まれるのをみた人は、いかなる状況においても、すべての借入れに対する偏見を強めます。また、本書で紹介している概念のいくつかについては、最初は「普通じゃない」「直観に反している」、あるいは「物議を醸す」ように思えるかもしれません。そのため、本書を少し読んだだけだと、すべての借入れが悪いという偏見の炎をさらにあおる結果となるのは容易に想像のつくことです。

> 本当の問題は、戦略的借入れの利用に関する教育がほとんどの場合、なされていないことです。

教育の欠如は、何世紀にもわたって大衆文化を通じて強化されてきた借入れに対する強い偏見に輪をかけています。多くの人々にとって借入れは疾病であるかのように避けるべきものかもしれませんが、富裕な個人や家族が適切な種類の借入れを行い、最適な借入比率を達成することによって、借入利用の強みを知的に活用できることも確かです[14]。

一言で言えば、**借入れに対する一般的な見方のほとんどが極めて限界的です**。これらの見方においては、裕福な個人や家族が適切な種類の借入れから

どれだけ大きな利益を得ることができるかが考慮されていません。また、適切な状況下で企業のように思考し、行動することの価値も考慮されず、適切な借入れを戦略的に行うことによって得られる借入利用の強みも検討されていません。

その代わり、これらの見方は、借入れをするすべての人が同じで、すべての種類の借入れが同じであるかのようにみなして、借入れに対してほとんどの人が持っている条件反射的な反応に依拠しています。借入れに関するこのような一般的な見方の限界を理解することによって、心を解き放ち、偏見を捨て、本書で紹介している考え方と実践方法が自分と自分の家族にとって意味を持ち適切であるかどうかの検討を開始することが可能となります。

第4教義：自分にとっての最適な借入比率を目指しなさい

本書の前提の一つは、企業と同じように個人にとっても最高の結果をもたらす理想的な借入比率が存在するということであり、その領域を目指すことができる人はそうすべきだというものです。前述のとおり、一般的に人々は、①借入比率が非常に高い（借金が多すぎる）人と、②あらゆる借入れを回避する（借金が全くない）人、の2つのタイプに分かれています。

もしあなたが戦略的借入哲学の最初の3つの教義（全体的なアプローチの採用、企業のような思考と行動の実施、借入れに関する一般的な見方の限界の理解）について検討したならば（すでに受け入れて、採用済みであればなお良い）、少なくとも4つ目の教義の採用を検討する準備ができています。それは、自分にとっての最適な借入比率を目指すことです。

私たちの文化や社会において、借入れに対する嫌悪感があまりに根強いため、「自分にとっての最適な借入比率」と呼ばれるものが存在している（もしくは存在する可能性がある）という考え方でさえ、金融業界で働く人を含め、ほとんどの人になじみません。しかし、自分（や家族）が目指すべき理想的な借入比率（あるいは借入比率のレンジ）は実際に存在していることに納得がいけば、その比率（あるいはレンジ）を達成するために必要な行動を採

ることができます。その最適なレンジについては、次章で議論します。

> 最適な比率を目指すことにより、それを達成する可能性が大幅に高まります。

　第3章では、自分のバランスシートから現在の借入比率を読み取る方法、その比率が時間とともにどのように変化するか、最適な借入比率の達成に関する意外なポイント（例えば、財務的困難のリスクが最も高い人々は、借入利用の強みから最大の恩恵を得られること）について述べます。ここで重要なのは、裕福な個人と家族にとって最適な借入比率というものが実際に存在していることを理解することです。なお、戦略的借入れが自分にどのような利益をもたらすかを未だに理解していなければ、理想的な借入比率を達成できない可能性が高いと言えます。

理想的な借入比率の測定における自宅問題

　借入れの意義を検討し、理想的な借入比率の達成に目を向ける際に、考慮すべき大きな問題があります。それは、自宅を住宅ローンと抵当権の負担なしで所有すべきかどうか、また、借入比率を計算する際にそれをどう考慮するか、です。これについては、借入比率の計算方法を説明するところで少し詳しく述べます。

　ここでは、自宅を住宅ローンと抵当権の負担なしで所有すべきだと強く思っている人の存在を認識しておきましょう。この見解は必ずしも否定できませんが、本書に書かれている多くの考え方と相矛盾しないと思います。

第5教義：開かれた心を持ち、問いかけを行い、どんな方法に効果があるか検証しなさい

冒頭でも述べたように、

　　本書の本当の目的は、借入れの賢明な使い方に関する読者の基本的な仮定と信念に挑戦することです。

　第5教義（行動原則）は、本書で紹介している考え方と実践方法を検討し、問いかけを行い、検証することです。たとえ何かが素晴らしい考え方に見えても、それが自分と自分の家族の状況に合い、適切であるとは限りません。

　そのため、本書で紹介する特定の実践方法が自分にとって適切なものかどうかを判断する際に、問いかけを続けることが重要な一方で、できるだけ開かれた心を持つことも重要です。ある実践方法や行動があなたに対して効果をもたらすかを確かめるには、相応の調査と目利き力が必要となります。したがって、提案されている内容や自分の置かれた状況をよく理解するために、時間をかけてじっくり検討すべきです。

◆ 第1章のまとめとチェックリスト

　本章では、戦略的借入哲学を構成する5つの教義（行動原則）を説明しました。第1教義である「局所的なアプローチではなく、全体的なアプローチを採用しなさい」では、戦略的借入哲学および保有資産の管理に関わることに対してすべての部分について、包括的に、大局的にみるべきであることについて述べました。

　第2教義である「企業のような思考と行動を探求しなさい」では、なぜほとんどの企業がバランスシートに対して全体的なアプローチを採用し、保有負債の額を意識的に最適化しようとするかについて考えています。第3教義である「個人の借入れに関する一般的な見解の限界を理解しなさい」では、

世間で広くもたれている借入れに対する、ほとんど例外なく否定的な見方について考察しています。また、本書を執筆するために行われた調査の結果、オンライン記事において「結局のところ、すべての借入れは悪いものである」という考え方が広く普及していることがわかりました。そして、著者の知る限り、このテーマについて包括的に取り上げている本は存在しないことがわかりました。

第4教義である「自分にとっての最適な借入比率を目指しなさい」では、企業、そして個人と家族が資産に対する負債の最適比率を理解し、その達成を目指すことの重要性について検討しています。最後に、第5教義では、実践的な知識の性質についてまず述べ、自分独自の状況を踏まえて「開かれた心を持ち、問いかけを行い、どんな方法に効果があるか検証」することを強く推奨しています[15]。

チェックリスト

☐ 第1教義である「全体的なアプローチの採用」について納得できていますか？

☐ 第2教義で推奨される「企業のように思考し、行動すること」の意義を理解できていますか？

☐ 規模を問わず、ほぼすべての米国企業が意図的に借入れを行うことにより、バランスシートを意識的に最適化しようとしていることを知り驚きましたか？

☐ 第3教義で述べているように、大衆文化によってすべての借入れが悪いものであるという概念が強化されていることを理解できましたか？

☐ 第4教義で提案している、自分の最適借入比率を目指すことを受け入れられますか？ 少なくとも自分の借入比率を調べ、最適であるかどうかを確認する意思はありますか？

☐ 第5教義で取り上げている行動原則（開かれた心を持ち、問いかけを行い、どんな方法に効果があるか検証する）を自分の状況に合わせて、家族や専門のアドバイザーと相談して実行する意思がありますか？

注

1. Stephen A. Ross, Randolph Westerfield, and Jeffrey Jaffe, *Corporate Finance*, 10th ed.（New York: McGraw-Hill, 2013）.（大野薫訳『コーポレートファイナンスの原理』一般社団法人 金融財政事情研究会、2012年（日本語訳は第9版が最新））494–525ページにおいて詳細が述べられています。

2. www.federalreserve.gov/econresdata/scf/files/2010_SCF_Chartbook.pdf
   Survery of Consumer Finances は個人の一般的な行動傾向について豊かな洞察を提供しています。また、ここでの記述は、アンケート調査、著者と著者の同僚の経験および、著者がこれまでともに働いてきたバンカーたちの経験に基づいています。

3. John Graham, Campbell Harvey, "The Theory and Practice of Corporate Finance", *Journal of Financial Economics*, May/June 2011（訳注：2001の間違いと思われる）によると、ほとんどの企業は負債資本倍率（D/E レシオ）の目標を設定しており、D/E レシオの目標設定をしていない企業は19％に留まります。また、本論文で紹介されている調査結果によると、大企業の方が小企業よりも目標を設定する傾向があり、厳格な目標を設定している企業は全体の10％、やや厳しい目標（範囲）を設定している企業は34％、柔軟な目標を設定している企業は37％、目標比率もその範囲も設定していない企業は19％です。

4. Ross, Westerfield, Jaffe, *Corporate Finance*, 11ページ。同書では企業の目標として、最も言及されることが多いのは、利潤の最大化であると紹介されています。もちろん、企業の場合、事業継続、財務的困難および破産の回避、他社との競争に勝利すること、売上げと市場シェアの最大化、コストの最小化、利潤の最大化、収入の安定増加などの複数の目的が存在していることは明らかです。同書では、それぞれの目標は「収益性」または「リスク管理・破産回避」の2つのカテゴリーに分けることができると説明されています。

5. 非営利企業でさえ、赤字回避を目指しています。本書では非営利企業の目標と借入利用の詳細についてまで立ち入りませんが、多くの非営利企業にもCFO が存在していて、本書で紹介している借入戦略に近い戦略を利用しています。

6. Ross, Westerfield, Jaffe, *Corporate Finance*, 2ページ。「ファイナンスは、以下の3つの質問に関する研究として考えられる。①企業はどのような長期資産に投資すべきか。この質問はバランスシートの左側に関わっている。②企業は必要な資本支出のために、どのように現金を調達するのか。この質問に対する答えは、企業の流動負債、固定負債、株主資本からの資金調達の割合を表す、資本構成に関係する。③どのように短期の営業キャッシュフローを管理すべきか。この質問はバランスシートの上部に関わっている」。著者の経験から言うと、多くの人はどのような資産に投資すべきかを深く検討し、短

期運転資金のキャッシュフローに関してある程度検討する一方、個人の（または家庭の）資本構成についてはほとんど検討を行わないという傾向が見受けられます。

7. Ross, Westerfield, Jaffe, *Corporate Finance* and John Graham, Campbell Harvey, "The Theory and Practice of Corporate Finance", *Journal of Financial Economics*, May/June 2011.

8. www.nytimes.com/2011/08/03/business/aaa-rating-is-a-rarity-in-business. html?pagewanted=all&_r=0
   この数値については一部の大手保険会社および政府系機関が除かれている可能性があります。おそらくすべての大企業は何らかの形で短期負債（買掛金、未払給料など）を抱えており、短期債権と短期債務の差額に対応するための与信枠を保有しています。当然ですが、AAA の格付を付与されている企業の数は時が経つにつれて変化するものです。次の記事にも、重要な考え方が紹介されています。
   http://blogs.hbr.org/financial-intelligence/2009/07/when-is-debt-good.html
   Ross, Westerfield, Jaffe, *Corporate Finance*, 548 ページ。http://usatoday30. usatoday.com/money/companies/management/2005-03-15-aaa-usat_x.htm

9. 借入れを自社株買いに利用している企業の具体的な事例については以下の記事を参照。www.reuters.com/article/2013/04/24/apple-debt-idUSL2N0DB1 X020130424

10. Eugene F. Brigham, Joel F. Houston, *Fundamentals of Financial Management*, Concise 4th（Mason: Thomson/South-Western, 2004), 465ページ。
    最適資本構成については議論が進められており、時とともに変化してゆくものです。次の論文でも議論されています。A. Kraus, R. H. Litzenberger, "A State-Preference Model of Optimal Financial Leverage," *Journal of Finance*, September 1973, 911 − 922 ペ − ジ; Murray Z. Frank, Vidhan K. Goyal, "Trade-Off and Pecking Order Theories of Debt," February 22, 2005.SSRN でも入手できます。http://ssrn.com/abstract=670543;
    M. H. Miller, "Debt and Taxes," *Journal of Finance*, 1977, http://ideas.repec. org/a/bla/jfinan/v32y1977i2p261-75.html; S. C. Meyers, "The Capital Structure Puzzle," *Journal of Finance* 39, no.3,Papers and proceedings, Forty-Second Annual Meeting, American Finance Association, July 1984, 575 − 592ペ − ジ; Working Paper by The Brattle Group, "The Effect of Debt on the Cost of Equity in a Regulatory Setting," Edison Electric Institute（EEI), Washington D.C., 2005, http://wpui.wisc.edu/docs/effect_of_debt.pdf; E. Fama, K. French, "Testing Tradeoff and Pecking Order Predictions about Dividends and Debt," *Review of Financial Studies* 15（Spring 2002）: 1 − 37ページ; www.nber.org/papers/w8782.pdf

その他の詳細については後の章および引用にて述べます。

11. 加重平均資本コスト（Weighted Average Cost of Capital, WACC）およびモディリアーニ・ミラー理論（MM 理論）のこと。F. Modigliani, M. Miller (1958), "The Cost of Capital, Corporation Finance and the Theory of Investment," *American Economic Review* 48, no. 3 (1958)：261－297 ページ；F. Modigliani, M. Miller, "Corporate Income Taxes and the Cost of Capital: A Correction," *American Economic Review* 53, no. 3 (1963)：433－443ページ；Ross, Westerfield, Jaffe, *Corporate Finance*, 494－525ページがこのテーマについて詳細に述べています。以下に同書からの引用を記載します。

・496ページ：「経営陣は、最も高い企業価値を持つと考えられる資本構成を選択すべきである。なぜならこの資本構成が、企業の株主にとって最も利益をもたらすものだからである。」

・499ページ：「Modigliani and Miller（MM または M&M）は、企業が資本構成の割合を変えることで、発行済証券の総価値を変更することはできないという説得力のある議論を展開している。言い換えれば、企業の価値は、どのような資本構成においても、いつでも同じである。さらに言い換えれば、企業の株主にとって、どんな資本構成も、他の資本構成より良くも悪くもないということである。この若干悲観的な結論が、有名な MM 命題 I（MM Proposition I）である。」

・500ページ：「MM 命題 I（税金なし）：レバレッジがある会社の価値は、レバレッジがない会社の価値と同じである。これはおそらく、コーポレート・ファイナンスのすべての理論の中で、いちばん重要な結果である。実際、これは、一般に現代経営ファイナンスの開始点とみなされている。」

・510ページ：「法人税が存在する世界において、企業の価値は負債と正の関係にある。」

・511ページ：「最も少なく税金を払う構成が価値を最大化する。言い換えると、経営陣は IRS が最も嫌う資本構成を選ぶべきである。米国税法に存在する奇癖のせいで、税金に割り当てられるパイの割合は、レバレッジのある企業の方が、ない企業よりも少ない。よって、経営陣は高いレバレッジを選ぶべきである。」

第17章「資本構成：負債使用の限界」、526ページ：「経営陣は企業の負債水準を100%近くに設定すべきか。もしそうであるならば、この章で示すように、なぜ現実世界の企業はより低い負債水準にしているのか。」

・536ページ：税効果と財務的困難の費用の統合。「節税効果は、負債を伴う企業の価値を増加させる。財務的困難の費用は負債を伴う企業の価値を減少させる。これら 2 つの打ち消しあう要因が負債の最適額を生み出す。静的理論によると、加重平均資本コスト（RWACC）は負債の税のメリットにより、はじめは減少する。点 B＊を越えると、財務的困難の費用により、

上昇を始める。」

・537ページ：「我々の議論は、企業の資本構成の意思決定が、負債の持つ税の利益と、財務的困難の費用とのトレードオフであることを示唆している。」また、以下の節も参照のこと。17.1,「財務的困難の費用」526ページ；17.2,「財務的困難の費用の明細」528ページ；「財務的困難の間接的費用」530ページ。

12. 企業が継続的に一定の借入比率を維持しており、したがって時間とともに借入残高が増加しているという見解を得たこと（および著者のこれに関する調査）は、ジョエル・ステーンが2012年の春にシカゴ大学で行った講演がきっかけとなった。

13. Ross, Westerfield, Jaffe, *Corporate Finance*, Chapter 15. これは社債の場合にあてはまります。直接分割償還を実施する条項、もしくは分割償還が実施可能なオプションが付されている資産担保証券（鉄道会社が利用する設備信託証書など）は例外です。また、モーゲージ担保証券には、借入期間中に元本（分割償還）および利子が同時に支払われるものがあります。多くの民間企業の銀行借入れにおいては分割償還の期間があらかじめ設定されています。これらの借入れと証券が存在していることは、公募社債が元本一括返済方式を採用しているという事実を否定するものではありません。

分割償還を条件とする債券を発行する上場企業はありませんが、私募発行市場においては実際に分割償還を条件とする債券が発行されます。また、企業は、債券の元本の払い戻しに必要とされる資金をエスクロー勘定で保管する減債基金を設定しますが、その場合でも依然として企業は現金を管理し、その債務について継続的に支払う義務があるのは金利のみです。つまり、あなたが元本を受け取るのは、債券が早期償還されるか、あるいは満期に達した場合のみです。もちろん、個人も同様に減債基金を設定することができます。

14. Ziv Bodie, Alex Kane, Alan Marcus, *Investments*, 9th ed.（New York: McGraw-Hill, 2011).（平木多賀人、伊藤彰敏、竹澤直哉、山崎亮、辻本臣哉訳『インベストメント』日本経済新聞出版社、2010年（日本語訳は第8版が最新））12.1「投資の行動学的な批評」。同書では、行動ファイナンスについて述べられています。投資家は同書で述べられている金融理論を受け入れる可能性があるにしても、それを実際に導入したがりません。これにはさまざまな理由が考えられます。同書のここでの議論は多くを Nicholas Barberis, Richard Thaler, "A Survey of Behavioral Finance," in *Handbook of the Economic of Finance*, ed. G. M. Constantinides, M. Harris, R. Stulz, 1053–1128ページ（Amsterdam Elsevier, 2003）に依拠しています。

Bodie, Kane, Marcus, 385ページ：「プロスペクト理論は、標準的金融理論にみられるリスク回避を行う合理的な投資家という分析的記述を修正する。」

プロスペクト理論は、大きな影響力を持った、不確実な状況下における意思

決定に関して D. Kahneman and A. Tversky, "Prospect Theory: An Analysis of Decision under Risk," *Econometrica* 47 (1979)：63 – 291ページに由来しています。この理論および行動ファイナンスの考え方は、本書の考え方を理解するために重要であり、また本書の内容とオーバーラップしています。ファイナンシャル・アドバイザーは、行動ファイナンスと伝統的な金融理論を融合させることによって、個人の借入れに対する感情やリスク許容度、最適な借入比率についてより正確に理解することができます。

15. 本章の内容は、他の章と独立したものではなく、本書全体の一部として、全体的に考慮されるべきものであり、独立の内容と考えられるべきではありません。これには、本書の至るところで示されている免責事項と、紹介している考え方に関するリスクについての議論が含まれますが、これらに限定されるものではありません。本書の内容は、あなた自身の状況、リスク許容度およびゴールに基づき、アドバイザーとの間で、さまざまな考え方のリスクと潜在的な恩恵についての思慮深い議論と会話をすることを促すためのものです。

第2章

基本理念
——財務的困難のコスト、影響、期間を軽減すること

　それでは、本書の基本理念、つまり重要な理論的かつ実践的な根拠についてみていきましょう。すべては「**財務的困難とそのコスト**」という考えから始まります。この考えは、特に企業財務に関する議論において概念化されることが多いと言えます[1]。本章では、これらの概念とそこから生まれる発想を個人と家族に適用していきます。その後、よりバランスのとれた借入れアプローチを採用することの多くのメリットや、財務的困難のコスト、影響および期間を軽減するために借入利用の強み（流動性、柔軟性、レバレッジ、持続可能性の向上）に頼ることの恩恵について述べます。

　企業の財務的困難については、『コーポレート・ファイナンスの原理』（ロス、ウェスターフィールド、ジャフィ）では次のように書かれています。

> 　財務的困難とは、企業の破産に至るまでの事象（例えば融資契約違反など）をまとめて定義する用語である。財務的困難に伴う費用は、企業の清算または再編成に係る法定の費用、またはその処理のプロセスで生じる費用（直接費用）と、事業能力の低下や不合理な戦略の採用（巨大なリスクの負担、過少投資、資産の搾取など）による間接的な経済的価値の毀損（間接費用）、で構成される。

　本書全体を通して、「財務的困難」とは、個人と家族にとって、上記とほぼ同じ意味を持つ事象を指すこととします。個人または は家族が、お金に関する約束をきちんと果たせなくなった場合や請求書を払えなくなった場合、つ

まりその状態から回復できなければ破産に至る可能性のある場合に、財務的困難に直面しているとみなします。企業の場合と同様に、個人または家族が財務的困難に陥った際に発生するコストは、直接的コストと間接的コストで構成されています（詳細は後述）。なお、以上の定義を基礎として、財務的困難の期間と、個人または家族に及ぼす影響もみていきます。

■ 財務的困難のリスク

　以上、財務的困難の定義について述べましたが、次に**財務的困難のリスク**という概念、つまり、あなたまたはあなたの家族が実際に財務的困難な状況に陥る可能性について考察していきましょう。そのリスクを検討する際に考慮すべき要素には、以下のものが含まれます。

・片働き世帯か、共働き世帯か？
・収入がどれほど安定しているか？
・理由を問わず、あなた（もしくは配偶者）が職を失うおそれがどれほどあるか？
・あなた（もしくは配偶者）が失業した場合、その失った収入を取り戻すにはどれほどの時間がかかるか？
・国が厳しい景気低迷、不景気、その他金融危機に直面した場合、あなたの雇用と収入源に直接影響をもたらす可能性がどれほどあるか？
・厳しい景気低迷、不景気、その他金融危機が起きた場合、あなたとあなたの家族にどのような影響を及ぼす可能性があるか？
・合計でいくらの貯金を持っているか。ショックを和らげるクッションはどれほど厚いか？
・保険対象とならない自然災害による損失のリスクがどれほどあるか？
・急に多額の資金ニーズが発生する可能性のある、あなたとあなたの収入に依存している（あなたが助ける道徳的、倫理的義務を感じる）人（子供、両親

など）がいるか？

　残念なことに、雇用と収入源を失った（または支出が大幅に拡大した）場合、財務的困難のリスクを直接的に減らす方法は、別の職業または仕事、そして健康で幸福に暮らせる居所を確保できるように準備する以外に、ほとんどありません。

> 　財務的困難のリスクを直接的に減らすことは通常、簡単ではありませんが、本書で紹介している考え方と実践方法を採用すれば、多くの場合、その潜在的な影響、コストおよび期間を軽減することができます。

財務的困難の直接的および間接的なコスト

　本書で定義した、財務的困難を個人と家族に適用した場合、それに伴うコストには2種類があります（図2−1）。一つ目は、「**財務的困難に伴う直接的コスト**」であり、これには手数料、罰金、その他の金銭的費用が含まれます。例えば、クレジットカードの滞納により発生する遅延損害金や金利の引き上げ、弁護士費用や会計士費用、信用低下に伴う借入コストの上昇、そして最悪の場合、自己破産コスト、が挙げられます。しかし、最大の潜在的なリスクは、自宅の差押え、実物資産や金融資産の差押えや競売申立てを受けて、資産を失う可能性です。

　二つ目の「**財務的困難に伴う間接的コスト**」は、基本的には金銭的な費用ではありませんが、財務的困難があなたやあなたの家族に与えるあらゆる金銭面以外の影響が含まれます。企業の場合、間接的コストには、顧客や取引先を失うこと、従業員のやる気と集中力の低下、重要な職員やかけがえのない経営人材の退社、そして結局のところ中核的なビジネスモデルそのものが実行できなくなってしまうこと、が含まれます。これに対して、個人と家族

図2-1 財務的困難のフローチャート

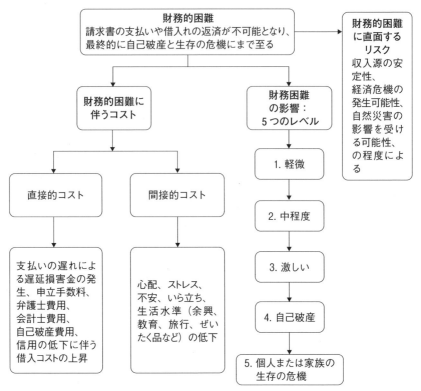

Tom Anderson©2013.

にとっての間接的コストは、まず心配、ストレス、不安、いら立ちから始まり、旅行やぜいたく品への支出の削減等は言うまでもなく、生活水準や生きる楽しみの低下、そして、教育や健康などの重要な支出の不可逆的な削減にまで至る可能性があります。

財務的困難の影響——5つのレベル

　財務的困難に伴うコストに加えて、もう一つ重要な要素として「**財務的困**

難の影響」が挙げられます。すなわち、財務的困難のレベルと、そこから生まれる直接的および間接的コストの影響を考慮する必要があります。

財務的困難の影響は、以下の5つのレベルに分けられます。

1　第1レベル（軽微な影響）：財務的困難の徴候がみえますが、まだ実際には発生していない段階です。
2　第2レベル（中程度の影響）：第1レベルから状況が悪化した段階です。
3　第3レベル（激しい影響）：第2レベルからさらに状況が悪化し、激しい影響が生じた段階です。
4　第4レベル（自己破産）：自己破産が発生した段階です。
5　第5レベル（生存の危機）：自己破産が生じた後、状況のさらなる悪化が続いた場合、生存が危機にさらされます。ここでは、例えば、食材、住まい、薬、医療などの費用を払えなくなったことによる、健康の悪化、個人や家族の生活水準の低下、そして生存の危機さえ現実味を増します。

財務的困難の期間

考慮すべき最後の重要な要素は「**財務的困難の期間**」です。それぞれの個人と家族は、それぞれが置かれた環境によって、財務的困難に直面した場合の感じ方が異なってきますが、その期間については、以下のように多くの一般的な事実を指摘することができます。

・第1に、言うまでもなく、財務的困難の期間が長ければ長いほど、それに直面している人（家族）の状況が悪化します。
・第2に、財務的困難のレベルに関わらず、その期間が延びるほど、間接的コスト（心配、不安など）の影響が加速します。
・第3に、期間が延びるほど、直接的コストがかさみます。ここからも財務的困難の期間をなるべく短縮する方法を探り出すことが重要となります。

・そして、第4に、財務的困難のレベルが高ければ高いほど、その期間の短縮が重要となります。個人や家族は、財務的困難の軽微な、もしくは中程度の影響にかなり長い期間にわたってさらされていてももちこたえられます。しかし、激しい財務的困難、自己破産または生存の危機に直面するレベルの場合、破滅的な影響を受けずにいられるのは比較的短期間に限られます。

すでに述べたように、**自分が財務的困難に直面するリスク**を正直に評価すること以外に、自分がいつか一定程度の財務的困難を経験する可能性を直接的に減少させる方法はあまり考えられません。しかし、もしあなたがすでにある程度の資産を持っていれば、いいニュースがあります。**本書で紹介している戦略的借入哲学とその実践方法を活用することにより、財務的困難の直接的および間接的コスト、その影響レベルと期間を大きく軽減あるいは回避すらできる可能性があります。**

４つの借入利用の強み──概要

借入れの戦略的な利用により、以下の４つの重要な効果（借入利用の強み）が生まれます。

1　流動性の向上：より容易に流動性資金源または現金にアクセスできる。
2　柔軟性の向上：財務的困難に伴う直接的および間接的コストへ対応し、その影響のレベルを軽減させるための選択肢が増える。
3　レバレッジの引き上げ：好況時に、富の蓄積を高め、加速させることができる。
4　持続可能性の強化：実際の生存の危機や生活水準の低下に直面する可能性を低下させることができる。

図２－２　借入れの威力を示すフローチャート

借入利用の強みを実現し、財務的困難の影響を回避または軽減する方法

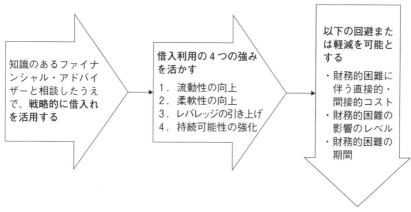

Tom Anderson©2013.

　少なくとも、借入利用の強みを意識し活かすことにより、財務的困難のコスト（直接的および間接的）、影響のレベル、および期間を軽減させることが可能となります（図２－２参照）。

 # 必ず検討しなければならないこと！

　以上の考え方をなじみやすくし、具体化させるために、一つの事例について検討しましょう（その内容はあなた自身が本書の考え方を知った際に必ず検討すべきことです）。第４章で詳細に述べるように、もしあなたが少なくとも数十万米ドル（税引き後）の分散投資された投資ポートフォリオを持っていたとしたら、投資ポートフォリオの証券を担保にした有価証券担保ローンを設定できる可能性があります。

　有価証券担保ローンを利用すれば、一般的には保有資産の価値に一定の掛け目をかけた金額を上限として、低金利の借入れをすることが可能となりま

す。議論を進めるために、この掛け目を、ローンの担保となる投資ポートフォリオの価値の5割程度としましょう。この掛け目は、担保資産の種類および融資をする金融機関によって大幅に上下する可能性があります（信用掛け目や有価証券担保ローンを設定するために必要な条件などの詳細については「補論C」を参照）。

　一般的には、有価証券担保ローンでは、担保になる投資資産の残高が大きければ大きいほど、金利が低く設定されます。また、その水準は、通常、さまざまな借入れ方法の中で最も低いレベルにあります。後述のケース・スタディで示すように、低いあるいは素晴らしい金利水準を獲得することは多くの場合可能ですが、それ以上に重要なのが、その借入れがさまざまな状況への対応においてもたらす柔軟性とクッション効果です。

　有価証券担保ローンの良いところはどこでしょうか。資金に早くアクセスできること、借入枠の設定手続きに手数料がかからないこと、実際に資金を使用するまで金利がかからないこと、一定の返済月額を設定する必要がないこと、です[2]。

　そして、もし借入枠を設定しておけば、自然災害が起きたり、失業したり、保険でカバーされない手術が緊急に必要となったりした際に、どうなるでしょう。即時にアクセスできる相当な流動性クッションを持つことにより、現実にさまざまなニーズが出てきた際により柔軟な対応が可能となります。通常であれば長期間の財務的困難を引き起こすような災害が発生した場合でも、有価証券担保ローンの活用により、その財務的困難の期間を短縮でき、また影響のレベルを中程度以下に抑えられる可能性が十分にあります。

　もしあなたが、本書で取り上げる他のいずれの提案も採用しないとしても、必ずファイナンシャル・アドバイザーに相談し、あなたが有価証券担保ローンの利用要件を満たしているかを確認し、有価証券担保ローンの借入枠を設定することのメリットとリスクについて評価してみてください！

繰り返しとなりますが、いざという時のためにこのような流動性クッションを持つことを否定する理由はほとんどありませんし、費用もかかりません。もちろん、融資の条件などは金融機関によって異なり、時とともに変化するものです。あなたの取引金融機関の条件を確認し、あなた特有の状況を踏まえてどのようなリスクや不利な点があるかファイナンシャル・アドバイザーと相談してみてください。

　流動性の向上、柔軟性の向上、レバレッジの引き上げ、持続可能性の強化を活用できるという借入利用の強みは、**あなたに本来備わっているもの**であると言えます。相応の富を蓄積していれば、財務的困難やその他のあらゆる災害が起こった際に、あなたとあなたの家族を主体的に守る方法があります。

◆ 第2章のまとめとチェックリスト

　本章では、戦略的借入哲学の核となっている基本的な考え方（基礎的な理論モデル）について述べました。このモデルは、通常は企業に適用される財務的困難のコスト（直接的および間接的）、その影響度（5つのレベル）および期間といった概念を考慮する借入哲学に基づいて構築されています。続いて、借入利用の強み（流動性の向上、柔軟性の向上、レバレッジの引き上げ、持続可能性の強化）の活用により、自分または自分の家族が財務的困難に陥った際に、そのさまざまな影響を軽減できることについて説明しました。最後に、借入枠の設定の具体例について紹介し、それをすぐに検討する重要性を強調しました。このような借入枠の確保は、緊急事態、災害や財務的困難などに直面した際に大きな手助けになる可能性があります[3]。

チェックリスト

☐　財務的困難の概念、財務的困難の直接的および間接的コスト、財務的困難の影響度のレベル、そして財務的困難の期間について理解し納得できていますか？

☐ 自分または自分の家族が厳しい財務的困難に直面しうるリスクを抑える方法が非常に限られている一方で、本書で紹介している考え方で、その影響度のレベル、コスト（直接的および間接的）と期間を軽減できることを認識できましたか？

☐ 戦略的借入れを賢く利用することにより、流動性の向上、柔軟性の向上、レバレッジの引き上げ、持続可能性の強化からなる借入利用の強みという考え方を理解し納得できていますか？

☐ 利用要件を満たしているならば、ほとんどすべての人が有価証券担保ローンの活用を検討すべきだということを理解していますか？

☐ すでに有価証券担保ローンの借入枠を持っていますか？ もしそうでなければ、可能な限り早く確保しようと思っていますか？

注

1．Stephen A. Ross, Randolph Westerfield, and Jeffrey Jaffe, *Corporate Finance*, 10th ed. (New York: McGraw-Hill, 2013), 526 – 534ページ。この教科書で紹介されている内容は、次のレポートを参照しています。したがって、当節の考え方はそのレポートで表現されている考え方を間接的に参照しています。"The High Cost of Going Bankrupt," *Los Angeles Times*, Orange County Edition, December 6 1995.（Lexis/Nexis にてアクセスできる）; M. J. White, "Bankruptcy Costs and the New Bankruptcy Code," *Journal of Finance*, May 1983, 455 – 488ページ; E. I. Altman, "A Further empirical Investigation of the Bankruptcy Cost Questions," *Journal of Finance*, September 1984, 1067 – 1089ページ; Lawrence A. Weiss, "Bankruptcy Resolution: Direct Costs and Violation of Priority Claims," *Journal of Financial Economics* 27 (1990), 285 – 314ページ; J. B. Warner, "Bankruptcy Costs: Some Evidence," *Journal of Finance*, May 1997, 337 – 347ペ ー ジ; Stephen J. Lubben, "The Direct Costs of Corporate Reorganization: An Empirical Examination of Professional Fees in Chapter 11 Cases," *American Bankruptcy Law Journal*, 2000, 509 – 522ペ ー ジ; Auturo Bris, Ivo Welch, Ning Zhu, "The Costs of Bankruptcy: Chapter 7 Liquidation versus Chapter 11 Reorganization," *Journal of Finance*, June 2006, 1253 – 1303 ペ ー ジ; Gregor Andrade, Steven N. Kaplan, "How Costly Is Financial (Not Economic) Distress? Evidence from Highly Leveraged Transactions That Became Distressed," *Journal of Finance*, October 1998, 1443 – 1493ページ; Yuval Bar-Or, "An Investigation of Expected

Distress Costs"（未刊行、Wharton School, University of Pennsylvania, March 2000）; David M. Cutler, Lawrence H. Summers, "The costs of Conflict Resolution and Financial Distress: Evidence from the Texaco — Penzoil Litigation," Rand *Journal of Economics*, Summer 1998, 157 – 172ページ。

2. 有価証券担保ローンには、目的別ローンと特定目的のないローンと呼ばれるものがあります。**特定目的のないローン**とは、証券口座で保有されている適格担保証券を担保とする与信枠またはローンです。資金使途は基本的に制限されませんが、証券の購入、短期売買・信用買いの実行目的で行われた借入れの返済、証券口座への入金、は制限されています。**目的別ローン**、つまり証券会社が提供する有価証券担保ローンとは、証券口座に保有されている証券を裏付けとする信用極度額のことです。資金の主な使途は証券の購入ですが、それ以外の目的にも利用できます。本記述は、有価証券担保ローンを持つことによって流動性が保証されると言っているわけではありません。多くの有価証券担保ローンが引出しを確約しているわけではないことを指摘しておく必要があります。そのため、貸し手は融資する義務はなく、借り手からの融資の請求を拒否することができます。有価証券担保ローンは財務的困難のリスクを最小限に抑えてくれる一方、実際には有価証券担保ローンによってそのリスクが拡大される可能性もあります。有価証券担保ローンを利用している時に市場（裏付証券の価値）が下落した場合、追加で担保として提供できる証券や、借入れの返済に必要な現金も保有していないのに、追加担保を要求されるおそれがあります。その結果、市場が下落している時に担保証券を安く売却せざるをえなくなるうえに、税金が発生する可能性があります。このリスクを抑える方法について後の章で述べますが、ここではこういったリスクがあることを認知することが重要です。それ以外のリスクもあります。多くの有価証券担保ローンは要求払いであり、貸し手はいつでも返済を要求できます。また一般的には、貸し手は担保証券をいつでも売却する権利を有します。これらのリスクを把握し、低減するためには、アドバイザーと協力して取り組む必要があります。本書で取り上げているすべての事例は、借入れが利用でき、証券が適格担保証券であり、貸し手が融資し続ける、といったことを前提としています。

3. 本章の内容は、他の章と独立したものではなく、本書全体の一部として、全体的に考慮されるべきものであり、独立の内容と考えられるべきではありません。これには、本書の至るところで示されている免責事項と、紹介している考え方に関するリスクについての議論が含まれますが、これらに限定されるものではありません。本書の内容は、あなた自身の状況、リスク許容度およびゴールに基づき、アドバイザーとの間で、さまざまな考え方のリスクと潜在的な恩恵についての思慮深い議論と会話をすることを促すためのものです。

第 3 章

戦略的借入れの実践
——概観

　第2章では、戦略的借入哲学の概略、すなわち戦略的借入れの活用の背景にある基本的な考え方や理論的な土台を説明しました。本章では、より直接的に、戦略的借入れの**実践**と応用、現実に利用する際のテクニックや、行動のステップについて、検討していこうと思います。そして、これまでに検討してきた哲学的な立場や理論的な考え方を実践に移すことで期待できるメリットや結果を示していきたいと思います。ここで取り上げる主な戦略的借入れの実践は、以下のものとなります。

・借入利用の強みについて理解し、その利点を活かすこと。
・望ましい借入比率を達成し、その水準を維持すること。
・自分の現時点での借入比率を計算する方法。
・借入れを返済すべきタイミング、返済すべきでないタイミング。
・本書第3部で取り上げるさまざまな発展的な実践の概観。

▐ 戦略的借入哲学の理解と活用

　先の章で、流動性の向上・柔軟性の向上・レバレッジの引き上げ・持続可能性の強化という4つの借入利用の強みについて、簡単に定義づけを行いました。これら4つの概念は、哲学的な考え方としても、また実社会で活用するうえでも、人生を劇的に変える可能性があるという意味で重要です。この

ことを踏まえたうえで、簡単な事例を使って各概念を検討し、理解を深めて
いきましょう。実社会におけるこれら4つの強みの活用方法を的確に理解す
れば、これを自分自身の場合に置き換えて実践する方法がよりはっきりとみ
えてくるでしょう。そして、戦略的借入れのより幅広い実践方法を自らのも
のとすることが、さらに容易となるでしょう。

　スミスさん一家は、夫のカール・スミスさん、妻のレズリー・スミスさ
ん、17歳になる息子のコールさん、そして14歳の娘であるローレンさんの4
人家族です。居住用住宅はとても美しい地方にあり、何世代にもわたって受
け継がれてきました。その結果、家にはタダで住むことができ、住宅ローン
も抱えていません。スミスさん一家には、この居住用住宅に加えて、適格担
保となる300万ドルの金融資産があります。本書で取り上げている考え方に
ついて議論をした結果、スミスさん一家は有価証券担保ローンを設定しまし
た。これにより、いざとなれば最大150万ドルを、低利で、しかも分割償還
やあらかじめ決まった返済期日なしで借りられるようになりました。この
150万ドルの資金が利用できるのであれば、スミスさん一家は、この資金を
使って電信為替での送金や、これまでどおりの通常の小切手の振出しを行う
ことができます[1]。

　1カ月後、大きな台風が襲いました。スミスさん宅の裏手にある川が氾濫
し、地下室が水浸しになってしまいました。1階部分も相当の被害を受け、
住まいはほぼ生活できない状態となりました。幸いにも、これらはすべて修
復可能でした。しかし、(1)修復には数十万ドルがかかる見通しで、(2)その
間、一家はまず近くのホテルに、その後は期間3カ月の賃貸住宅に引越しし
なくてはならなくなりました。幸いにも、スミスさん一家は損害保険に加入
していました。しかし、損害のすべてが補償対象となるわけではないこと
や、文書による手続きを進めて補償される損害について保険金を満額受け取
るには数カ月かかるであろうことも、はっきりとしていました。

　この話には、最後にもう一回「幸いにも」という言葉が出てきます。それ
は、幸いにも、スミスさん一家は**事前に**有価証券担保ローンを設定してい
た、ということです。これにより、たいした手続きをすることなく、一定の

金利で必要な小切手をすぐに振り出すことができるようになったのです。すなわち、有価証券担保ローンは、**流動性の向上**というメリットをスミスさん一家に提供したのです。**彼らの手元にあった小切手帳**が、住まいの修繕を始めたり、仮住まいへの入居に必要となる現金の支払いを可能にしたのです。必要な時に流動性の高い現金を利用できることに勝るものはありません。スミスさん一家は、有価証券担保ローンの小切手帳に大いに感謝することとなりました。

　有価証券担保ローンは、スミスさん一家に、自らが望む方法で金融資産や投資の管理を行ううえで**柔軟性の向上**というメリットも提供します。スミスさん一家は、不利な環境下で保有する投資資産を投げ売りしなくても、状況に柔軟に対応することができるのです。つまり、当面の生活に必要な経費をその場で支払ったうえで、どのタイミングで売却するのが好ましいかを判断できるのです。さらに、しばらくすれば、受け取れる保険金の正確な金額を、そして自分の口座からいくら引き出さなくてはならないのかを、より的確に把握できるようになるのです。

　さらに、被災によって新たに生じた金銭的な負担は与信枠で容易に対処できるとわかった瞬間、潜在的な間接コスト、すなわち、心配、ストレス、不安、いら立ちなどはすべて、あっけなく消えてなくなるのです。

　最終的に、住まいの修繕には、保険の対象となる部分の他に約10万ドルかかるという見積りが出ました。株式市場は最近、急激な下落局面にあったので、スミスさん一家を担当するファイナンシャル・アドバイザーは、今は一家の金融資産を現金化する時期として適当ではないと感じていました。アドバイザーは、スミスさん一家の場合、当座必要となる支払いを借入れでまかなったとしても、長期的には、一家の投資ポートフォリオから借入コスト以上のリターンを得続けられるだろうと考えました。このようにして、スミスさん一家は、当座を過ごすための支払いに必要なお金を比較的低い金利で借りて、**レバレッジの引き上げ**という強みを活かしているのです。

有価証券担保ローンの活用により、あなた自身が意思決定できるのです！

　災害にあったり困難な局面にあったりしても、投資を中断する必要がないことは、とても重要なことです。これは、どれだけ強調しても足りません。事前に利用可能な与信枠を適切に設定しておけば、**あなた自身が主導権を握る**ことができるのです。資産を売却して現金を手に入れるタイミングを、あなた自身が決められるのです[2]。

流動性／柔軟性／レバレッジ／持続可能性

　おそらく最も重要なことは、有価証券担保ローンの利用を通じて流動性や柔軟性が向上し、レバレッジが引き上げられたことに加えて、スミスさん一家が何かの時の備えとして**持続可能性の強化**を手に入れたことです。有価証券担保ローンの小切手帳のおかげで、一家はホテルに移り、そして賃貸物件を見つけられたのです。また、新しい服や持ち物を購入し、子供たちをそれぞれの学校に引き続き通わせることができたのです。しかも、これらをすべて、被災直後には何万ドル、そして最終的には何十万ドルという出費が必要となったにも関わらず、何らあわてることなくできたのです。

　すなわち、スミスさん一家は、予期しない自然災害に見舞われたにも関わらず、基本的な生活スタイルを変えずに生活を継続できましたし、生活水準も全体的に維持できたのです。ありとあらゆることが起きたにも関わらず、数カ月の間にすべてを以前のとおり順調に進めることができたのです。図3－1は、スミスさん一家がどのように4つの借入利用の強みを有効に活かしたのか、視覚的に要約したものです。

図３－１　スミスさん一家のフローチャート：借入利用の強みの活用例

スミスさん一家：カール・レズリー・コール（17歳）・ローレン（14歳）

ハリケーンの襲来！
・川が氾濫。
・スミスさん一家の自宅は、何十万ドルもの被害。
・スミスさん一家は、まずホテルに移り、賃貸物件に引越し。洪水の被害の修繕が終わるまで、自宅には戻れません。

有価証券担保ローンを設定済み！
・スミスさん一家は、事前に有価証券担保ローンを設定済み。300万ドルの流動性純資産を担保に、最大150万ドルを引き出すことが可能。
・有価証券担保ローンの小切手により、自動的に**流動性が向上**するというメリット。一家は、財務的困難の直接的・間接的コストを免れることができました。

柔軟性の向上：その他の金融資産は手つかずのまま
・流動性が向上したことで、自動的に**柔軟性も向上**。修繕費や家賃など台風の影響で生じた支出をまかなうために、もともとあった金融資産の運用方針を変える必要はありません。

レバレッジの引き上げ
・流動性と柔軟性の向上によって、レバレッジも引き上げられ、「スプレッドを獲得する」機会を得ました。

持続可能性の強化
・流動性と柔軟性の向上によって、**持続可能性も強化**され、自然災害にも関わらず生活スタイルや生活水準は全体的に変更を強いられることなく、そのまま維持されました。

Tom Anderson ⓒ2013.

最適な借入比率の達成と維持

　戦略的借入哲学の第4の教義は、第2章で説明したように、「自分にとっての最適な借入比率を目指しなさい」でした。借金はすべて悪であり、できるだけ早く返済してしまうべきだと普段から言われ続けられている環境にあっては、最適な借入比率というものがこの世に存在するという考え自体が大胆かつ独創的なものです。続いてのステップ、現状の借入比率を評価・算定し、時間をかけて最適な水準にもっていく方法を探すということは生涯を通じて実践していくものとなります。つまり、自分自身あるいは家族を理想的な借入比率に導いていくには、複数の段階が、そしておそらく数年にわたる過程が必要です。それはまず、借金は必ずしも悪とは限らないということを理解するところから始まって、借入れの中には、特に適切な種類の借入れは、相当のメリットをもたらすものがあるという考え方へと続いていきます。

　借入比率、つまり保有資産の総額に対する借入れの比率の理想的な水準は、当然のことながら人によって、あるいは家庭によって異なります。環境や年齢、退職後の人生のゴールなどにも左右されます。しかし、不幸なことに、世にはびこる借入れを敵視するパラダイムに、非常に多くの人が圧倒的に支配されてしまっています。そのために、次のような論点についてそもそも考えようとする人・家庭は、ほんの一握りに限られています。

・自分にとって最適な借入比率とは？
・最適な借入比率を達成するには何をすべきか？
・この最適な借入比率は、時間の経過とともにどのように変化していくものだろうか？　最適な比率とは、どれくらいの期間、ないし時期を見据えたものなのか？　1年？　3年？　5年？　10年？　現役引退後の人生を通して？　死ぬ間際は？

・どのような条件で借入れを行うべきか？ 固定金利での借入れは、どれくらいにすべきか？ 変動金利での借入れは、どれくらいにすべきか？ 分割償還の借入れは、どれくらいにすべきか？

　別の言い方をすれば、富裕層に属する個人・家庭を含め、ほとんどの人にとっては、これまでと違った観点から物事を考え、ここで議論しているような可能性を検討することは、大変なことでしょう。それゆえ、ほとんどの人がこうした可能性について議論することがなかったこと、じっくり検討したことがなかったこと、ましてや適切な条件の借入れによって最適な借入比率を達成しようと積極的な行動を採ってこなかったことは何ら驚くべきことではないのです。

　こう話してくると、当然次に続くのは、「**理想的な借入比率の水準は、ピンポイントで何％なのか？**」という問題です。これに答えるため、まず企業の場合に立ち返ってみましょう。調査によれば、ほとんどの企業は、借入比率、つまり、総資産に対する借入総額の比率をおよそ40〜50％あたりに維持しています。ただし、これは業種によって異なる傾向にあります。平均が約60％という業界もありますし、30％近辺という場合もあります。上限・下限ということで言えば、例外はあるものの、借入比率が80％を超える企業、あるいは20％未満の企業というのは少数に限られています[3]。

　では、個人の場合はどうでしょうか？ コーポレート・ファイナンスの世界における原則の多くをあてはめつつ、個人の場合に合わせてより保守的に考えると、**富裕層に属する個人・家庭における最適な借入比率は、およそ25％あたり、一般的には15〜35％の範囲内に収まる**ことになるでしょう。ただし、これは、財務的困難に追い込まれるリスク、あるいは困難に置かれた時に（直接・間接的に）生じうるコスト、影響の度合い、期間の長さといった、個人・家族が置かれている個別の状況に左右されます。

　残念ながら、通常、借入比率はずっと高めになっていたり（その場合、借入れの種類も不適切な形となっていることが多い）、あるいはずっと低く、それゆえ最適とは言えない水準となっていたりします。もしあなたの借入比率が

45％、あるいはそれを超える水準となっているのであれば、かなりのリスクを負っていることになります。逆に、借入比率が10％以下であれば、最適と言うにはほど遠い状況であると言えます。

　他によく見受けられる傾向として、個人や家庭は、時期によって借入比率を大きく上下させがちです。これも問題です。借入れを返済することが妥当と考えられるタイミングについては、この後で検討します。しかし、本書を通じた我々の目的は、このように借入比率が高くなったり低くなったり、場合によってはゼロになるという行動に異議を唱えることにあります。第1章で議論した戦略的借入哲学の第2の教義を思い出してください。企業の場合、長期的に借入比率はほぼ一定の水準に保たれている、という特徴が顕著に見受けられます。あなたが、人生の段階に応じて自分の借入比率を引き上げたり引き下げたりすることはわからなくもありません。しかし、もし借入比率を大幅に変動させているようであれば、資産管理のあり方に問題があるということになるでしょう。

　後の章でケース・スタディを検討する際の重要なポイントとして、次の点を覚えておいてください。企業の借入比率は、**長い年月にわたって比較的一定に保たれています**[4]。

　次の節では、現在の借入比率の値を算定するために、バランスシートをどのように検証すればいいかを議論します。ここで重要なのは、富裕層にとっての最適な借入比率というものが実際に存在するということを理解することです。そして、戦略的借入哲学がもたらすメリットについて、もしまだ掴めていないのであれば、おそらくこの理想的な借入比率を達成することもできないという点を理解することです。そのような場合には、リスクを取りすぎたり、あるいは極端な安全策を採ったりしかねません。その逆に、理想的な水準の借入比率を達成しようと考えることができれば、実際にそれを実現する可能性は大いに高まることになります。

最適か否か、どのように判断するのか？

　先んじて言えば、ある企業にとって、最適な資本構成、あるいはバランスシートの設計とはどのようなものか、本当のところは誰も知りません。歴史だけが、それを判断できるのです。同様に、ある個人・家庭にとっての借入比率の最適な水準を知る人は、どこにもいないでしょう。本書の目的は、特定の値、あるいは精緻な資本構成に注目することではありません。むしろ、読者の皆さんが、自らの個人的な環境を踏まえて、自分にとっての最適な借入比率がどのあたりになるのか、ファイナンシャル・アドバイザーと一緒に考えるよう促すことにあります。

　私の調査では、15～35％が最適であると示されました。私はこれを、25％をターゲットとするように絞り込んだうえで、当該家族の財務的困難に至るリスクや、その時に生じうる（直接・間接的な）コスト、影響のレベル、期間の長さに応じて、引き上げたり引き下げたりしています。その際には、その家族の適合性やリスク許容度、資産管理・運用の全体的な目的も加味します。

　さて、本書で述べた内容を読まれた方の中には、私が提案する水準はあまりに積極的で、目標水準を10％ポイント引き下げた方がいい（15％を最適として、5～25％の範囲とする）と思われた方もいるかもしれません。あるいは、私が示した水準はかなり保守的ではないか（25～45％といったように、もっと高めに設定すべきではないか）、あるいは目標水準の範囲が狭すぎないか（20～60％といったように、もっと範囲を広げるべきではないか）、さらにはより広い範囲の中で長い年月にわたって変えていくべきではないか（例えば、最適な借入比率は年齢によっても変わってくる関数である、といったように）、と考えられた方もいらっしゃるでしょう。

　こうした論点についての考察そのものが、あなたを正しい方向へと導くのです。私は、提示した範囲に借入比率が収まっていない人には、自

由に自分の考えを話してもらい、議論をしてもらうよう促します。そのうえで、次のような意見を簡単に述べるようにしています。

範囲をもう少し引き下げるべきだ、と感じておられる方には、「範囲を引き上げておけば、レバレッジの引き上げというメリットを得られたでしょう。あなたがおっしゃるように範囲を引き下げては、このメリットを手にできるでしょうか?」とお話しします。

借入比率をもっと高めに設定すべきだ、と言う方に対しては、「補論Cをお読みください。そのうえで、将来の家計が、これまでとは大きく変わっていくことに対する備えができているか確認してください。借入比率を高めに設定する場合、少なくとも現在と同程度の収入を稼ぐ必要性が、今後どんどんと高まっていくことになります。ストレステストをかける時には四重の脅威、すなわち、失業の憂き目にあい、金利が上昇し(あなたの借入れ負担が大きくなり、保有債券の価値の下落を招くでしょう)、住宅価格が下がり、さらには株価が下がるといったことが重ねて起き、しかもその期間が長く続くという状況を、標準シナリオとして想定するものですよ」とお話しします。

時期によって借入比率は変わっていくものだろうと言う方に対しては、「実際のところ、若い頃は借入比率の範囲を少し高めにしておくべきでしょう。年齢を重ねれば、私がここで提示した範囲が適切な水準となるでしょう。こうした議論はある程度正しい部分もあると、私も思います。資産を形成していく時期にある方の場合には、特にそうでしょう。なぜなら、そうした方々は、借入比率を計算する際、フロー所得も踏まえる必要があるからです。ストック資産を考慮するだけでは不十分なのです。企業の場合には、最適な資本構成をどのようにするか判断する際、売上げに対する借入れの比率も合わせて考慮します。この点についての考え方は、「補論B」で簡単に触れています。とは言え、若い時には、財務的困難に追い込まれるリスクや、その時に生じるコストが大きくなりがちです。この点を踏まえれば、借入比率は引き下げるべき、となりますよ」とお話しします。

私の見てきたところでは、借入比率は概して、まずは私が提案する水準よりもずっと高めからスタートし、そこからゼロに向かって引き下げられていくものです。このプロセスの結果として、より多くの流動性の高い税引き後の運用資産を持っていれば得られたはずの柔軟性を失っている人をよくみかけます。

　あらためて申し上げれば、本書はすでに十分な資産を持ち、退職後により安心して暮らせる人生を過ごしたいと考える方を主な対象としています。こうした方々の場合、25%をターゲットとする15〜35%の範囲が、議論・検討を進めていく際の最も適切なスタート地点となるのです。これが、私の調査で示されている結果であり、ケース・スタディでも、この水準を想定していくことになります。

借入比率の算出

　借入比率を計算する際に用いられる数式は、簡単に示すことができます。

　　借入比率＝総借入れ／総資産

　つまり、借入比率とは、あなたが保有する資産の合計に対して、どれだけの借入れを抱えているか、という比率のことです。普通は、％単位で示されます。もし、100万ドルの借入れを抱えつつ、400万ドル相当の総資産を有しているのであれば、借入比率は100万ドルを400万ドルで割った25％ということになります[5]。

　借入比率を正確に算出するためには、自分が抱えている**総借入れ**、そして保有する**総資産**を正確に把握しなくてはなりません。そのためには、書面での作業や足を動かしての作業が必要となるでしょう。そうすることで、借入れと資産の双方について、現時点での正確な総額を求めることができるので

表3－1　総借入れ

保守的な立場をとって、借入れを多めに見積もっておく方が望ましい。

［含めるもの］
・あらゆる住宅ローン・借入れ・負債の額面金額
・今後24カ月以内に生じる現金支出
・今後24カ月以内に生じる税負担
・含めておいた方がよいと思われる、将来の税負担の現在価値
・破棄できない契約上の支払い義務の現在価値（リースの支払い、長期レンタル）
・その他、含めるべきと考えられる債務

［含めないであろうもの］
・課税の繰延べが認められているプランの税負担、納税時期を選択できる税負担（401(k)プラン、繰延報酬プラン）[6]

表3－2　総 資 産

保守的な立場を採って、計算上は資産を少なめに見積もっておく方が望ましい。

［含めるもの］
・すべての口座（課税、課税繰延べ）で保有する上場有価証券や現金、運用資産の市場価値
・パートナーシップや未公開のビジネスについては、類似の公開企業の評価（訳注：例えばPER）から15％割り引いたうえで、流動性リスクを踏まえてさらに20％割り引いた金額で評価
・自動車。ケリー・ブルー・ブック社（訳注：米国の中古車価格情報サイトを提供）の取扱価格の80％の金額（流動性リスクを踏まえた割引）
・不動産。90日以内に売却した場合の売値から、6％の手数料を差し引いた金額
・美術品や宝石、骨董品、収集品（5,000ドル超相当のもの）。翌日にオークションで売却した場合の売値から、10％の手数料を差し引いた金額

［含めないであろうもの］
・個人で保有する財産のうち、評価額が5,000ドル未満のものすべて（「小物」）
・権利が確定していないものすべて（繰延報酬、オプション）
・居住用住宅の資産価値を含めない人もいる（この点についての詳細は、次節を参照）
・529プラン（将来発生する教育費に充てるものだから）
・その他、含めるべきでないと考えられる資産

す。算出の過程では、会計士やファイナンシャル・アドバイザー、あるいはプライベート・バンカーと協働することも有益かもしれません。

　表3－1と表3－2は、総借入れと総資産の双方について、何が含まれ、何が含まれないか、に関する一般的な指針を示したものです。こうした算出に際しては、保守的な立場を採る方がより望ましいと思います。借入比率を過大評価するよりも、少なめに見積もってしまうことの方が、ずっと大きな問題を引き起こす可能性があります。それゆえ、おそらく、借入れについては見積もりの最高値、ないしそれに近い金額を評価額とするべきでしょう。資産の方は見積もりの最低値、ないしそれに近い金額を評価額とすべきです。超保守的な立場を採るのであれば、将来生じるであろう税負担（例えば、事業やオプションの売却や現時点では未実現の株式のキャピタル・ゲインに対する課税）も含めて考えるべきでしょう。個人的に保証している借入れの額面価値も、同様に考慮すべきです。

■ 居住用住宅は、借入比率の計算に含めるべきか？

　居住用住宅（主たる住まい）の最も単純な取扱いは、評価額を総資産に含め（ここでも保守的な立場を採るべきでしょう）、住宅ローンやホーム・エクイティ・ローン、その他の利用可能な与信枠は総借入れに含める、というものです。税制上の優遇措置（現行の税法上におけるもので上限あり）を踏まえれば、住宅ローン、特に今日のように低金利で設定された住宅ローンは、最も有利な借入れの一つであるということは頭に入れておくべきでしょう。その意味で、借入比率が一般的に望ましい水準である15〜35％の範囲に収まる限りにおいて、第6章でより詳しく議論するセカンドハウスに関わる借入れと同様に、居住用住宅に関して借入れを行うことは非常に合理的だと言えます。こうした考え方に従えば、借入比率の算出において居住用住宅を考慮することは一般的に理にかなっています。

　一方で、居住用住宅（主たる住まい）に関わる借入れは行うべきではなく、

抵当権の設定のない状態で所有すべきだから、借入比率の計算対象からは外すべきだという意見にも根拠はあるのです。結局のところ、人はどこかに住まないといけないからです。この点で、居住用住宅というのは、資産というよりはむしろ経費と捉えられるのです。居住用住宅を完全に自分のものとして所有していれば、財務的困難に陥った場合の衝撃のレベルや直接・間接コストを抑えられ、苦境からより速やかに立ち直れるかもしれないという点は、重要です。つまり、生活状況が本当に悪化してしまっても、住宅ローンの返済に悩む必要はないし、住まいに関わる出費は固定資産税の支払いと修繕費に限られるのです。その意味で、あなたにその余裕があれば居住用住宅を完全に自分のものとして所有することは、あなたの持続可能性の強化に明確に直結するでしょう。そして、夜により快適に眠れるようになるでしょう。

発展的なハイブリッド思考法

借入比率を算出する際に、居住用住宅の価値を資産には含めず（どこかには住まなくてはいけないのですから）、しかし居住用住宅に関わる住宅ローンは計算に際して考慮する、という場合を考えてみてください。借入条件が好ましいこと（納税に際して所得控除の対象となったり、固定金利にしても変動金利にしても、大抵の借入れと比べて少ない利払い負担で済むこと）、そして住宅ローンについては追加担保を請求されないという事実を踏まえれば、こうした考え方を採ることとなるでしょう。これは、借入比率のレンジを保守的に見立てることと、数学的には同等になります。

・数値例：75万ドル相当の居住用住宅と、200万ドル相当の投資ポートフォリオという、2種類の資産を保有しているとします。これまでどおりのやり方であれば、資産は次のように列挙することになるでしょう。

75万ドルの居住住宅

　＋200万ドルの投資ポートフォリオ
　――――――――――――――――――――――
　＝借入比率の分母に相当する資産は275万ドル

　もし、50万ドルの住宅ローンを抱えているとすれば、借入比率は50万ドル／275万ドル＝18％ということになります。

　前述した修正後の算出方法を採用すると、ここでの計算の目的に照らして、居住用住宅を資産には含めないという考え方になるでしょう（どこかには住まなくてはならないという事実を踏まえて、あるいは自分の住まいはローンなど抱えずにしておきたいという希望を踏まえて）。そうすると、総資産は200万ドルとなります。借入れは先ほどと同額だとすれば、借入比率は50万ドル／200万ドル＝25％となります。こうした考え方を採るということは、実質的に居住用住宅をローン残高ゼロで所有したうえで、戦略的借入哲学を引き続き受容している、ということにもなるでしょう。

　表3－3は、居住用住宅を、抵当権の設定なしに所有することのメリットとデメリットを要約したものです。ここでは、正しい、間違っている、といったことはありません。あなたにとって、どちらがしっくりくるか、その考え方とうまく付き合っていけるか（そしてそこで住むことができるか！）、それが問題なのです。すでに住まいを借金ゼロでお持ちで、しかしそれが最適な状況ではないと判断される方は、住まいを担保に新たな資金を借り入れ、そのお金で投資をすれば、そこには相当のリスク（そして明確な制約）があることを理解しておく必要があります。これは、さまざまな理由から、適切な考え方とは言えないかもしれません。後ほど、最適化に向けた方法について議論をするつもりですが、ここでは続いて、最適化問題を考えるうえで、その他のポイントとなる事項を説明していくことにします。

表 3 - 3　住まいは、抵当権の設定なし（住宅ローンを抱えず）に所有すべきか？

はい—居住用住宅は、完全に自分のものとして所有すべき！

- ・居住用住宅は、完全に自分自身のものとして所有すべきでもので、借入比率の計算の対象外とすべきである。
- ・人は、必ずどこかには住まなくてはならない以上、居住用住宅は資産ではなく、経費である。
- ・居住用住宅を所有していれば、財務的困難に陥った場合でも、その影響度を軽減し、直接・間接コストを抑え、期間を短くできる。
- ・もし、居住用住宅を抵当権の設定なしに（借金ゼロで）所有していれば、何か問題が起きても、居住に関わる費用は固定資産税と修繕費だけしか生じません。

いいえ—居住用住宅は資産にすぎず、レバレッジをかけるのに非常に適した資産である。

- ・通常、居住用住宅に関わる住宅ローンは、非常に有利な（あるいは最も有利な）条件で借り入れることができる。固定金利か変動金利かをかなり柔軟に選択でき、しかも個人にとっては最も低い水準に設定される。
- ・居住用住宅の費用を自分で支払うということは、資金を比較的流動性の低い資産に固定させてしまうことになる。
- ・もし、投資口座に同額の流動性の高い資産を持っていれば、財務的困難に陥るリスクやその際のコストをかなり抑えられる。
- ・そのような流動性の高い資産は、必要に応じて現金化したり、レバレッジをかけたりして、非常事態に対してずっと臨機応変に対応することを可能にする。
- ・居住用不動産に関わる借入れのうち100万ドルまでについては、税制上非常に恵まれた優遇措置が存在する（訳注：当時の米国の制度）。
- ・セカンドハウスを所有しないことを選択するのであれば（多くの人は実際に所有しないのですが）、最適な借入比率を達成する最善の（場合によっては唯一の）方法は、住居という資産を活用することである。

借入れを返済すべき時、すべきでない時

多くの裕福な個人や家族には、できる限り速やかに自らが抱える借入れの

一部、ないし全額を返済しようとする傾向があります。第1章で示した第3の教義のところで議論したように、借金を敵視するパラダイムが広く普及していることを踏まえれば、これは驚くことではありません。しかし、戦略的借入れの意義、そして借入比率を理想的な水準へともっていき、それを維持することの重要性に気付いたのであれば、さまざまな種類の借入れを区別し、抱えている借入れをいつ返すべきなのか、返すべきでないのかを学ぶことが重要であることは、すぐに理解できるでしょう。

　問題とすべきことの一つは、借入れの種類です。「補論A」には、「借入れの種類」についての詳しい説明があります。そこでは、どのような借入れは継続しておくのが一般的により望ましいのか、どのような借入れは速やかに返済してしまった方がよいのかを比較検討しています。考慮すべき要素の一つは、例えば住宅ローンに関わる借入れのように、対象となっている借入れには税制上の優遇措置があるのかどうか、といったことです。

　すべての借入れについて心に留めておくべき重要な原則があります。

> 　借入返済の収益率は、税引き後の借入コストとちょうど等しくなります。

　もし、金利3％の住宅ローンを抱える個人が、連邦所得税39％、州所得税5％の税率区分に該当しているとします。この時、税引き後の借入コストは3％×（1－(0.39＋0.05)）＝約1.68％となります。この借入れを返してしまうということは、1.68％のリターンを受け取ることと同じです。

　この点は、簡単な事例をみることではっきりとするでしょう。住宅を所有しているものの、元本ベースで10万ドル相当の住宅ローンが残っているとします。そして、突然ボーナスを受け取り、税引き後の手取りベースで10万ドルの臨時収入が手に入ったとします。すると、あなたは自分にこう語りかけたくなるでしょう。「ふん、私は自分の家に抵当権など設定したくないんだ。このお金は、住宅ローンの元本全額の返済に使ってしまおう」。結局のところ、金利4.5％の住宅ローンに対して、あなたは1年間で4,500ドル相当

（4,500ドル＝10万ドル×4.5％）の利息を支払っているわけです。

　しかし、この利払いが所得控除の対象だとします。33％の税率区分に該当していthen すれば、元本の返済によって節約した4,500ドルのうち、本当の意味で節約できたのは1年間で3,000ドル（3,000ドル＝4,500ドル×（1－0.33））に過ぎないということになります。すると、あなたは、次のように自問自答することでしょう。もし10万ドルを元本返済に充てなければ、10万ドルを賢く運用して1年間で3,000ドル以上のリターンをあげて、利払いの節約分を上回るスプレッドを獲得できるだろうか、と。

　違う言い方をすれば、住宅ローンの税引き後コストを考慮すると、元本を返済すれば、10万ドルに対して3％相当を稼ぐことができます。もし、この10万ドルを3％超のリターンをあげられる運用に回すことができると考えるのなら、住宅ローンの元本を返済すべきではおそらくないでしょう。もし、3％超を運用で稼げる可能性は低いと思うのなら、ローンを返済しましょう。

　借入れを速やかに返済すべきだということが非常にはっきりしている場合もあります。例えば、クレジットカードでの借入れで、12％、15％、あるいはもっと高い2桁％の金利が発生する場合です。それ以外の、税制上の優遇措置を受けられる住宅ローン、あるいは金利負担の軽い与信枠での借入れなどについては、本当にじっくり検討したいところでしょう。現時点で借入比率が理想的な水準となっていない場合には、特にそうでしょう。返済のチャンスがあった場合に、借入れを返済すべきか否かを熟考する際の手助けとして、表3－2に主な検討事項を示しておきます。借入れには税制上の優遇措置があるのかどうか、金利は高いのか低いのか、現時点での借入比率は理想的な水準にあるのか、あるいはそれ以下なのか、といった事項です。

　どのような借入れであれば所得控除に利用できるのかを判断し、税引き後のネット・ベースでの借入コストがいくらになるのかを算出する際には、税理士とよく相談しましょう。

発展的な実践方法とそれらの内容

　本書の第3部では、3タイプの「発展的」な戦略的借入れの実践方法を採り上げています。具体的には、次のようなものです。

1　**スプレッドの獲得**：言い方を変えれば、借入利用の強みからくるレバレッジを活用して、借り入れた資金を使って実質的にお金を稼ぐ、ということです。ここでの問いは単純なものです。つまり、借入れによって手にした資金がどのようなものであれ、その税引き後のコストを上回るリターンを平均的に獲得できるような投資機会は存在するだろうか、ということです。

2　**自動車や不動産といった高額な財、資産の購入資金の調達**：高額な財を購入する際、保有資産を売却したり、外部から資金を借り入れるよりも、借入利用の強みを活かした非常に魅力的な方法が、多くの場合には存在します。

3　**退職時や離婚時における所得に対する税制優遇措置の利用**：こうしたチャンスがあることを知っている、あるいは利用している方は非常に限られています。しかし、税制優遇を適宜活用して所得を稼ぐことは、通常は可能です。個々の状況によっては、有価証券担保ローンを利用して課税がゼロとなる方法すら存在するのです。ここでは、通常の所得、長期的なキャピタル・ゲイン、そして有価証券担保ローンをめぐる税制について議論をするつもりです。

図3-2　できるだけ速やかに借入れを返済すべきか？

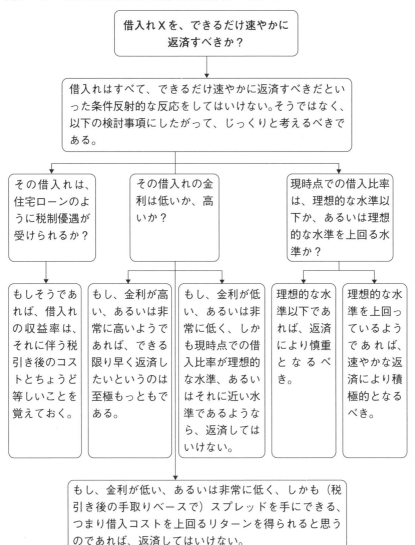

借入れXを、できるだけ速やかに
返済すべきか？

借入れはすべて、できるだけ速やかに返済すべきだといった条件反射的な反応をしてはいけない。そうではなく、以下の検討事項にしたがって、じっくりと考えるべきである。

その借入れは、住宅ローンのように税制優遇が受けられるか？

その借入れの金利は低いか、高いか？

現時点での借入比率は、理想的な水準以下か、あるいは理想的な水準を上回る水準か？

もしそうであれば、借入れの収益率は、それに伴う税引き後のコストとちょうど等しいことを覚えておく。

もし、金利が高い、あるいは非常に高いようであれば、できる限り早く返済したいというのは至極もっともである。

もし、金利が低い、あるいは非常に低く、しかも現時点での借入比率が理想的な水準、あるいはそれに近い水準であるようなら、返済してはいけない。

理想的な水準以下であれば、返済により慎重となるべき。

理想的な水準を上回っているようであれば、速やかな返済により積極的となるべき。

もし、金利が低い、あるいは非常に低く、しかも（税引き後の手取りベースで）スプレッドを手にできる、つまり借入コストを上回るリターンを得られると思うのであれば、返済してはいけない。

Tom Anderson©2013.

◆ 第3章のまとめとチェックリスト

　本章では、把握しておくべき戦略的借入れの実践について、その主だった内容を概観してきました。戦略的借入れの実践の第1は、4つの借入利用の強み、すなわち、流動性の向上・柔軟性の向上・レバレッジの引き上げ・持続可能性の強化について、全般的かつより深い内容を理解することです。借入利用の強みをもっと理解すれば、その活用方法をもっとしっかりと調べるようになるでしょうし、あなたやあなたの家族にとってメリットとなるような適切な行動を採るようになるでしょう。こうした内容をより明確にするために、スミスさん一家の事例を取り上げました。その中で、自然災害に見舞われた時であっても、4つの借入利用の強みがどのように現実に機能しうるのかを示しました。

　戦略的借入れの実践の第2は、理想的な借入比率の達成・維持に関わるものです。個人や家族が、自らの状況を踏まえたうえで、理想的な借入比率を算定するにあたって知りたいであろうポイントを議論しました。そして、**富裕な個人や家族の場合、理想的な借入比率は25%前後になり、一般的には15～35%の範囲に収まる**、と説明しました。

　次の戦略的借入れの実践は、借入れを返済すべき時、返済すべきでない時、というタイミングに関わるものです。フローチャートを用いて、借入れに対する条件反射的な嫌悪感を避けたうえで、借入れを返済すべきか否かを判断する際に問うべき3つの重要な問いとは何かを示しました。すなわち、その借入れには（住宅ローンのように）税制優遇措置があるかどうか、金利は高いか低いか、そして現時点での借入比率が理想的な水準と比べて高いか同程度か低いか、という3つの問いです。

　そのうえで、第3部で取り上げる3タイプの発展的な実践を紹介しました。第1は、**スプレッドの獲得**という考え方です。これは、資金を借り入れて運用を行い、借入コストを上回る運用リターンの達成を目標とする、ということです。第2は、不動産などの**高価な財や資産の購入資金の自己調達**の実践です。例えば、有価証券担保ローンを活用すれば、自動車の購入に必要

な資金全額を、分割償還なしに、適切な金利水準で調達することができます。最後に、**退職時や離婚時の所得に対する税制優遇措置の利用**という考え方を紹介しました。これについては第7章（訳注：原書の第7章のことであり、本書の第7章とは異なる。原書の第7章については日米の税制の相違等に鑑みて翻訳を割愛している）で詳細に検討します。

　「補論A」で取り上げていますが、最後にもう一つの戦略的借入れの実践があります。それは、個人として、または家族として通常利用できるであろう、ありとあらゆる種類のローンやさまざまな借入方法について理解することがとても重要であるということです。借入れの種類によっては、他よりも明らかに有利なものが存在します。この点を把握しておけば、内容を詳しく理解できるようになりますし、どのような戦略的借入れの実践を検討しているかに関わらず、より妥当な判断を下せる可能性が高まるでしょう[7]。

チェックリスト

- [ ] 章の内容が、概念や哲学から実社会での実践や応用へと移りましたが、4つの借入利用の強みを振り返って、その内容を理解し納得できましたか？
- [ ] 借入比率（総資産に対する総借入れの比率）の理想的な水準は15〜35％の範囲に収まるという考え方は、理解し納得できましたか？
- [ ] 自分自身の借入比率の計算方法を理解できていますか？
- [ ] 自分自身の借入比率を実際に計算してみましたか？
- [ ] できる限りすべての借入れを返済しようと努めることが、場合によっては適切でないこともあります。それはなぜか、理由を理解していますか？ むしろ、自分がどのような種類の借入れをしているのかを考察すべきです。そして、全体の状況を踏まえて、その借入れを返済することが合理的か否かを判断すべきです。これらの点を理解していますか？
- [ ] 「補論A」を参照して、借入れにはさまざまな種類があることや、それぞれに強みと弱みがあることが、わかりましたか？

注

1. ケース・スタディは、教育目的かつ説明目的で記述されています。このケースでは、担保として適格な資産が所有されており、有価証券担保ローンによって資金を借り入れることが可能であると仮定しています。顧客の状況は、一人ひとり異なります。そして、ローンというのは、貸し手がその適格性を認めたうえで提供されるものです。貸し手によっては、有価証券担保ローンの融資を断ることもあり、スミスさん一家のようなシナリオが成り立たないこともありえます。資産を担保として差し出せば、当該資産の流動性が低下する、場合によっては全くなくなることもあるかもしれません。市場の調整によって、担保の市場価値が変動したり、その適格性が影響を受けたりするかもしれません。そうなれば、有価証券担保ローンの与信枠削減や追加担保の請求、そして担保資産の強制売却のすべて、あるいはこのうちのいくつかに影響が及ぶこともありうるでしょう。有価証券担保ローンの利用に関する情報およびリスクについては、「補論C」を参照してください。

2. 有価証券担保ローンの利用を通じて、資産管理や流動性の確保が可能となる事例については、「補論C」を確認してください。

3. Stephen A. Ross, Randolph Westerfield, and Jeffrey Jaffe, *Corporate Finance*, 10th ed.（New York: McGraw-Hill, 2013）, 第15・16・17章参照。特に、次の部分を参照してください。

   ・488ページの15.7「資本構成における最近の傾向」：図15.3「簿価負債比率：1995〜2010年の、米国企業（非農業・非金融）の簿価株主資本に対する総負債の割合」を検討してください。当該数値はおおよそ、60〜75%の範囲です。

   ・499ページ：図15.4「時価負債比率：1995年から2010年の、米国企業（非農業・非金融）の時価株主資本に対する総負債の割合」では、40〜55%の範囲を示しています。

   　企業の借入比率についての詳細な分析を行うのであれば、上記の点に加えて、549ページの17.9の図17.4にあるデータを検証すべきでしょう。Joseph P. H. Fan, Sheridan Titman, and Gary Twite, "An International Comparison of Capital Structure and Debt Maturity Choices"（未刊行論文。University of Texas at Austin, 2010年9月号）によれば、39カ国のサンプル企業のレバレッジ比率の中央値は、1991年から2006年にかけて50%を少し上回る水準から10%を少し下回る水準までの範囲内にあります。そして、ほとんどの企業については20〜30%の範囲に収まっています。

   ・553ページ：「負債比率には、はっきりとした業種による違いが存在している。目標負債・株主資本比率に影響を与える3つの重要な要因を提示する。
   　1. 税金：高収益企業は、低収益企業より、高い比率を持つ可能性が高い。
   　2. 資産の種類：有形固定資産に大きな投資を伴う企業は、研究と開発に

大きな投資を伴う企業よりも、高い負債・株主資本比率を持つ可能性が高い。

3．営業利益の不確実性：営業収益が不確実な企業はほとんどの場合、株式資金調達を行わなくてはならない（借入れは最小限に抑えている）。」

Board of Governors of the Federal Reserve System, "Flow of Funds Accounts of the United States," Federal Reserve Statistical Release, June 9, 2011, www.federalreserve.gov/releases/z1/20110609, www.federalreserve.gov/releases/z1/20110609/z1r-4.pdf も参照してください。

連邦準備制度によれば、興味深いことに個人金融資産全体でみると、家計の借入比率はこの範囲におおよそ近い水準となっています。

Zvi Bodie, Alex Kane, and Alan Marcus, *Investments*, 9th ed. (New York: McGraw-Hill, 2011), 12.1「投資の行動学的な批評」461‐468ページ参照。

Bodie, Kane, and Marcus の表14.3では、企業の総負債／（総負債＋株主資本）比率が以下の範囲にあることが示されています。

3年間（2002-2004）の中央値

	AAA	AA	A	BBB	BB	B
総負債／（総負債＋株主資本）比率	12.4	28.3	37.5	42.5	53.7	75.9

（出所）　スタンダード・アンド・プアーズ（2006）「事業会社の格付手法」

もちろん、債券の格付に際しては、これ以外の指標も用いられます。以下には限りませんが、例えば、カバレッジ・レシオ、レバレッジ比率、流動性比率、利益率、借入れの対キャッシュフロー比率です。

企業の借入比率についてより詳細に知りたい方は、知名度の高い企業を複数、業種を超えていくつか代表例として取り上げ、バランスシートを検証することを推奨します。その際に重要な考慮事項となるのは、債務の大きさを、簿価ベースの株式資本と比較するのか、時価ベースの株式資本と比較するのか、という点です。

4．Ross, Westerfield, Jeffrey Jaffe, *Corporate Finance*, 第15・16・17章 参照。加えて、各企業の資本構成は時間を通じて大きく変化しうるということに気付くことも重要なことです。ほとんどの企業は、目標となるレバレッジ比率を設定していますが、最近の研究は、それにも関わらず個々の企業の資本構成は時間を通じてかなり変動することがしばしばある、と結論付けています。Harry DeAngelo, Richard Roll, "How Stable Are Corporate Capital Structures?"（未刊行論文。Marshall School of Business, University of Southern California, July 2011）参照。

5．Bodie, Kane, and Marcus, *Investments*, 12.1「投資の行動学的な批評」463,

643ページ参照。企業は、カバレッジ・レシオ、レバレッジ比率、流動性比率、利益率、債務の対キャッシュフロー比率も算出しています。真に全体的な手法においては、D/Eレシオだけではなく、それ以外のことを考慮に入れないといけません。

6. こうした負債を対象から外すべきか否かについては、議論の余地があります。「含めないであろうもの」と書いているのは、そのためです。保守的な立場を採るのであれば、負債を常に多めに見積もることになります。税負担の現在価値を含めることはできますが、その場合には、適切な割引率を設定し、将来の実効税率を適切に見積もる必要があります。第7章（訳注：原書の第7章）では、課税の繰延べが認められていて、かつ適用税率もかなり低い（最も低ければゼロ）プランからの所得の引き出し方法について、事例を検討します。また、有価証券担保ローンを利用して、税制優遇の対象となる所得をどのように得るか、ということについてもみていきます。さらに、場合によっては、有価証券担保ローンを利用することで、課税のタイミングを自分で決めることができます。そうすれば、より好ましいタイミングで納税を行えるようになります。これについては、本書全体を読み終わった後にあらためて振り返られることをお勧めします。

7. 本章の内容は、他の章と独立したものではなく、本書全体の一部として、全体的に考慮されるべきものであり、独立の内容と考えられるべきではありません。これには、本書の至るところで示されている免責事項と、紹介している考え方に関するリスクについての議論が含まれますが、これらに限定されるものではありません。本書の内容は、あなた自身の状況、リスク許容度およびゴールに基づき、アドバイザーとの間で、さまざまな考え方のリスクと潜在的な恩恵についての思慮深い議論と会話をすることを促すためのものです。

人生100年時代の資産形成

資産全体のリターンを意識する

　人生100年時代を迎えている日本で今後安心して生活をするためには、資産を増やすことが重要です。資産を増やすと言うと一般的には株式や不動産での運用が思い浮かびますが、単に、保有している株式や不動産のみのリターンを意識するのではなく、預金や保険を含めた資産全体においてリターンを意識する必要があります。つまり、資産全体でリターンとリスクのバランスを考え、適正な資産配分を行うことが大切です。

　図①－１のように、日本では、金融資産の半分以上が現金・預金です。これは資金が必要な時にすぐに使えるという、準備資金として使いやすいという点や、リスクが低いという点が評価されているからでしょう。米国やユーロエリアと比較しても非常に高い割合であることがわかります。

図①－１　家計の金融資産構成

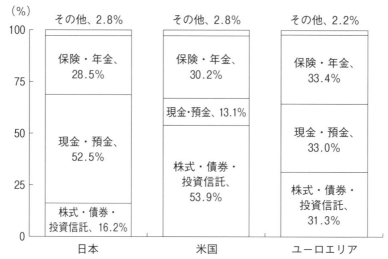

（出所）　日本銀行「資金循環の日米欧比較（2018年8月14日）」

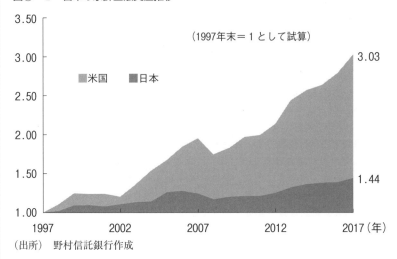

図①-2　日米の家計金融資産推移

（1997年末＝1として試算）

■米国　■日本

3.03

1.44

1997　　　2002　　　2007　　　2012　　　2017（年）

（出所）　野村信託銀行作成

　日本人にこれだけ愛されている預金ですが、リターンという点ではいかが
でしょうか。昨今の預金の金利は非常に低い水準であり、現在政府が目標と
している物価上昇率2％を考慮すると、預金は実質的な資産価値が低減する
可能性のある資産と言えます。例えば、預金の金利が0.01％、物価上昇率が
2％とすると、マイナス1.99％となり、実質的な資産価値が低減してしまい
ます。現金・預金比率が高いにも関わらず、預金金利が低い日本の現状にお
いては、資産全体のリターンの低さが課題となっています。図①-2は日米
の家計金融資産の推移を比較したものです。1997年を1とした場合、有価証
券比率の高い米国では2017年末時点で3.03倍となっているのに対し、現金・
預金の比率の高い日本では1.44倍に留まっています。

　このような中、長生きリスクに備えるために、どのような資産運用を行う
と効果的なのか、本コラムでは「人生100年時代における資産活用術」とし
て、有価証券運用と有価証券担保ローンの活用方法について解説していきま
す。

資産を最大限活かす

　ゆとりのある老後を過ごすには3,000万〜4,000万円程度の資金が必要と言
われており、将来の長生きリスクに備え、金融資産を増やし、資産寿命を延
ばさなくてはなりません。資産を増やすには、資産を最大限活用し、資産に

働いてもらうことが重要です。例えば、保有する資産を担保に借り入れた資金で新たな投資をする等、リスクをきちんとコントロールしながら積極的に資産運用を行うことが重要になってきます。いわゆる富裕層と呼ばれる人たちはこうした資産から資産を生み出すサイクルを持っています。

　資産を最大限活用するために大切なことの一つは、その資産の担保価値を理解することです。そうすることで保有資産の潜在的な活用可能性を知り、広げることができます。そして、具体的な手法として最も身近にあるのが有価証券担保ローンの利用です。有価証券担保ローンでは、株式・投資信託・国債・ファンドラップ等の有価証券等を担保に借入れをすることができ、それによって効率的な資産活用やリターンの向上をねらうことができます。

　前述のとおり日本は米国やユーロエリアに比べ、まだまだ貯蓄社会です。老後に対する漠然とした不安や将来発生するかもしれない資金需要に備えて、とりあえず貯蓄を行い、有価証券ではなく預金を残しておきたい、という心理は少なからず誰にでもあることでしょう。

　ですが、いざという時はそう起こるものでもありません。そのいつ起こるかわからないいざという時に備えて、全く運用せずに非常に低い水準の金利で預金として預けておくというのは、もちろん悪いことではありませんが、資産寿命を延ばすという観点からはあまり得策とは言えません。

　むしろ、いざという時が起こるまではきちんと資産に働いてもらって（＝

図①-3　人生100年時代のローン活用法

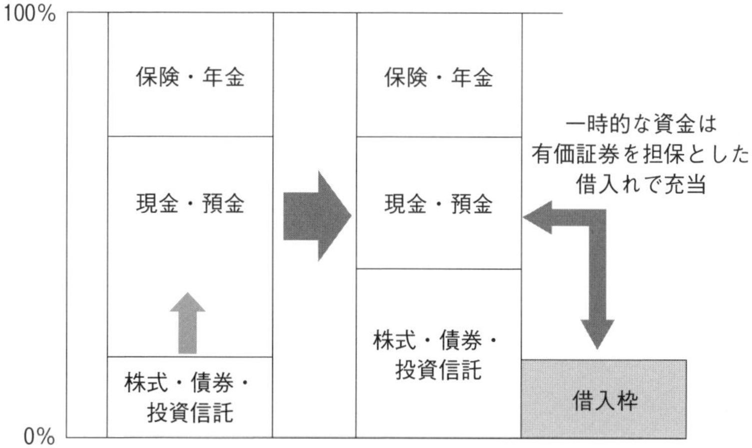

（出所）　野村信託銀行作成

運用して）資産を増やし、増やしながらいざという時にはその資産を担保に
して、図①−3のように一時的に資金を用立てする、というような、まさに
ライフスタイルの変革とでもいうべき資産活用術をご検討されてみてはいか
がでしょうか。

（野村信託銀行前営業企画部長　四丸　勝貴）

第2部

有価証券担保ローン

「運命は、星が決めるのではありません。我々の思いが決めるのです」

ウィリアム・シェイクスピア『ジュリアス・シーザー』

第 4 章

有価証券担保ローンの意義

　ご記憶の方もいらっしゃるでしょうが、第2章の最後に「必ず検討しなければならないこと」を記しました。この「必ず検討しなければならないこと」というのは、もちろん、有価証券担保ローンを適切な時期に設定するということです。それには、大きな利点があるためです。そこで、有価証券担保ローンの詳細の説明に進んでいくことにしましょう。具体的には、以下の項目となります。

・有価証券担保ローンの内容とその仕組み。
・ほぼすべての企業が資産担保ローン、ないしそれに相当するものを設定している理由。
・有価証券担保ローンの設定がもたらすさまざまなメリット。
・災害に見舞われる前に、事前に行動することの重要性。
・台風や自然災害（現金がすぐに必要となる時）を乗り越える。
・家族内金融：両親というメインバンクと高齢者ケアのためのつなぎ融資。
・チャンスや出血セールの活用。
・有価証券担保ローンの平均利用率。
・ウィン・ウィン・ウィン：あなた、あなたのアドバイザー、そしてアドバイザーが属す金融機関にもたらされるメリット。

有価証券担保ローンの内容とその仕組み

　私が有価証券担保ローンと呼んでいるものは、ほぼすべての主要金融機関で提供されています（訳注：日本では事情が異なる）。各金融機関は通常、こうしたタイプの貸出サービスにマーケティング上の名称をつけているでしょう。また、個人向けの担保付与信枠、信用取引口座、そして一人ひとりに対応してカスタマイズされたローンも存在します。本書では、こうした一連の（訳注：証券を担保に差し入れて提供される）貸出制度や与信枠を総称して（訳注：広義の）有価証券担保ローンと呼ぶことにします。こうした仕組みのほぼすべてに共通して、各金融機関には詳細なルールや規制、利用制限、免責条項があります。顧客であるあなたは、ファイナンシャル・アドバイザー、もしくはプライベート・バンカーと協働して、これらを完全に理解しておかなくてはなりません。

　各金融機関の与信枠は、詳細部分には違いがあるものの、一般的な内容は共通しています。金融機関との取引がすでにあるとして、あなたは担保を差し入れる口座を開設することになります。そこには、上場していて広く取引され、かつ課税対象となる有価証券が預け入れられます[1]。すると、金融機関は、あなたとの取引が続く限りにおいて、資金の貸出に応じることになります。金利は魅力的な水準に抑えられますが、口座にある資産が担保となります。もし、あなたがその金融機関との取引関係を取りやめて口座を他に移すことになれば、まずは借入れを返済しなくてはなりません。

　口座に差し入れる資産額が大きいほど、有価証券担保ローンの設定枠は大きくなります。そして、枠が大きくなるにしたがって、（訳注：一般的には）貸出金利はより魅力的な水準となります。借り入れられる金額の上限はおおよそ、差し入れた資産の50％相当となります。例えば、適格資産を100万ドル差し入れているとすれば、通常は最大50万ドルの有価証券担保ローンの借入枠を設定できます。ほとんどの場合、顧客に対して認められる最大の借入

枠を設定することが妥当でしょう。

　借入れに対して担保を差し出す際、貸し手は投資ポートフォリオの資産価値を常に一定以上に維持するよう求めます。もし資産価値がこの水準を下回れば、金融機関は追加担保を請求できます（きっと請求するでしょう）。追加担保の請求によって、通常、あなたへの貸出の一部、ないし全額を回収するために、投資ポートフォリオにある資産の一部を金融機関の判断で売却することになります。

　この場合、どの資産を売却するのかを決める権限は、あなたにはありません。それゆえ、あなたの立場からすれば、こうした状況は明らかに回避したいはずです。ですから、あなたは有価証券担保ローンを設定する際に、借入枠をできるだけ引き上げたいと考えるでしょうが（そうすれば自分にとって最も有利な水準の金利で資金を借り入れられます）、その一方で、利用可能な借入枠を全額、ないし大半を使い切ってしまうようなことは避けるべきです。もっとも、これは深刻な緊急事態、家族の関係で資金が入用になった時、あるいは出血セールのようなまたとない儲けのチャンスが訪れた時を除きます。したがって、**有価証券担保ローンを通じていくら借り入れているのか、しっかりとモニターすることはとても重要です**。そして、有価証券担保ローンの担保として設定した資産の価値のボラティリティを最小限に抑えるような投資方針を採用することが、非常に大切となります。**ボラティリティ**とは、有価証券の価値の変動の大きさ、あるいはある一定の期間内に価値が急騰したり暴落したりする可能性の高さを意味します。もし担保として設定された資産が上手に運用され、資産価値が上昇していれば、追加担保を強制される可能性は抑えられます。とは言え、それでも、借入枠を利用しすぎることは避けるべきでしょう。

重要事項
──借入枠は、常に利用できるようにしておきましょう！

　理想的な世界では、（どのようなタイプの与信枠であるとしても）借入枠

の50%を超えて資金を引き出すことはありえません。そして、担保とて設定されている資産は、さまざまな事態に対応できるよう、グローバル規模で分散した投資ポートフォリオという形で運用しておくことになるでしょう。

通常、有価証券担保ローンは「キャップ＆ロール構造（訳注：我々の理解では、これは著者特有の用語だと思います。同じ著者の別の著書では、"cap and roll structure"は、金利を貸し手に支払わずに元本へ上乗せしていき（capitalization, cap）、引き出しを繰り越していく（roll）ことができる仕組み、と説明されています（T. J. Anderson, The Value of Debt in Retirement, 2015, p.13）。日本では「元加」と呼びます）」となっていると思います。あなたが、このローン口座から小切手を実際に振り出したり、送金をしたりしない限り、金利の支払いを求められることはないでしょう。しかし、口座をいったん利用すれば、月次ベースで金利負担が発生します。ただし、あなたのところには毎月、借入額と発生した利息額が記載された書類が送られてくるものの、その時に利息の支払いや元本の返済を求められることはありません。あなたが希望すれば、金利負担をそのまま月々積み上げることができます。元本を月々分割返済する定時償還の必要もありません。とは言え、カバレッジ比率（実際の借入額に対する融資枠の比率）は必ず確認しておかなくてはなりません。なぜなら、借入額があまりに大きくなりすぎている場合、有価証券担保ローンの担保として設定されている運用資産の価値の変動状況によっては、追加担保を強制されてしまう可能性があるからです[2]。

　有価証券担保ローンを設定する際には、いわゆる目的別ローンあるいは特定目的のないローンとして設定されているかどうか、あわせて理解する必要があります。**特定目的のないローン**とは、証券口座で保有する適格有価証券を担保とした与信枠、ないしローンです。そこで借りた資金は、さまざまな使途に充てることができますが、有価証券の購入、売買・保有、あるいはそれに伴って生じた借入れの返済には使えません。また、その借入金は通常、証券口座に預け入れておくことはできません（この点は、時々、問題となりま

す）。**目的別ローン**とは、時にマージン・ローンと呼ばれることもあります。これは、証券口座で保有する有価証券を担保とした借入枠のことです。そこで借り入れた資金は、主に有価証券の購入に充てられますが、他のことに充てても構いません。

　最後に、有価証券担保ローンの利用によって課される金利は通常、LIBOR（ロンドン銀行間取引金利）のような標準的な指標にスプレッドを上乗せして設定されます（資産をより多く担保として差し入れて、有価証券担保ローンの設定規模が大きくなれば、スプレッドは小さくなります）。それゆえ、支払金利の総額は、使用される LIBOR などの指標金利の推移によって変動します。

　もし、金利が急騰するかもしれないと警戒するのであれば、借入れの全額、あるいは一部の金利を固定化しておく、もしくは全く固定化しない、という選択が、通常はできるようになっています（普通は、最低10万ドル単位から設定できます）。すなわち、典型的には 1 年、 3 年、 5 年、 7 年といった一定の期間、利率をあらかじめ固定化することを選べるようになっているのです。こうした選択に伴って生じうるデメリットは、金融機関や経済環境によっても異なりますが、次のようなものです（これだけには必ずしも限られませんが）。すなわち、金利負担がより高くなる可能性があること（コストの上昇）、早期返済のための前払手数料や解約手数料が発生すること、月々の支払いを求められること、何年か経った後で一括して多額の満期返済を求められること（バルーン返済）などです。固定金利で借入れを行えば、市場金利があなたの許容水準を超えて変動しても、悪影響を受けずに済むという安心感は確かに得られるでしょう。しかし、これによって、有価証券担保ローンが提供してくれる柔軟性の向上というそもそもの借入利用の強みは薄まります。他の多くのことと同様に、あなたの個人的な状況に照らして、メリットの方が大きいのか、デメリットの方が大きいのかを適切に推し量るには、アドバイザーと一緒に協働する以外にありません。

有価証券担保ローンの設定がもたらす数々の メリット

　ここで、有価証券担保ローンを設定することで最初にもたらされるメリットについてまとめておくのが良いだろうと思います。通常、以下のようなものが挙げられます（融資条件は金融機関や時期によって異なることがあります。詳細は、取引金融機関に確認してください）。

・有価証券担保ローンの設定やその維持に伴う**継続手数料は、発生しません**。
・有価証券担保ローンを通じて資金を借り入れなければ、経費負担は一切生じません。つまり、有価証券担保ローンを設定することと、新たな借入れを負うことは**同義ではない**のです。と言うより、有価証券担保ローンの設定は、戦略的借入れの可能性を広げるものと捉えるべきです。
・有価証券担保ローンを通じて借入れを行うと、そこで生じるのは、**通常は利払いに関わるコストだけ**です。これは、金利に借入額を乗じて算出される値となります。
・一般的には、**繰上返済手数料やクレジット手数料、申込手数料、そして審査のための大変な手続やコスト**は発生しません。
・通常、有価証券担保ローンを設定している事実やその内容、引出額は、信用調査機関に報告されません。信用情報の報告について、詳細は取引金融機関に問い合わせてください。
・一般的に、**月々の支払いは必要ありません**。有価証券担保ローンの仕組みとして金利負担を積み上げていくことが可能です。これは、**キャップ＆ロール構造**とも呼ばれています[3]。

　第2章で示した財務的困難に追い込まれた場合のモデルと4つの借入利用の強みについての詳しい説明を踏まえれば、有価証券担保ローンを設定する

ことのメリットを別の観点から捉えることができます。そして、知識のある
アドバイザーに相談して戦略的借入れを活用すれば、流動性の向上、柔軟性
の向上、レバレッジの引き上げ、そして持続可能性の強化という４つの借入
利用の強みを獲得できます。第３章でスミスさん一家の状況を説明した図
３－１で示したように、新たな戦略的借入れの活用によってまず手にできる
のは、流動性の向上です。この流動性の向上が、柔軟性の向上へとつなが
り、そしてこの柔軟性の向上がレバレッジの引き上げと持続可能性の強化の
双方へとつながるのです。

　有価証券担保ローンを活用すれば、流動性が向上します。これにより、財
務的困難に陥ったとしても、直接コスト（資産の強制的な売却など）や間接コ
スト（心配や不安による消耗など）を回避できます。強力な台風の被害に対応
する場合には（この場合についてはすぐ後でまた取り上げます）、この流動性の
向上によって、必要な住宅の修繕にすぐ取り掛かることができます。そし
て、流動性の向上から生まれた柔軟性の向上によって、その修繕費は手元に
ある現金で支払えるのです。これはあなたにとってより望ましい状況かもし
れません。当座の必要に対応する際には（とりわけ、市場環境や税負担の観点
から資産を売却するのが好ましくないタイミングにある場合には）、特にそうで
しょう。そうでなければ、必要な資金を迅速に工面する他の方法を、何とか
して見つけなくてはならなくなってしまいます（これは通常、不利な条件で資
金を借り入れることを意味します）。また、必要な現金を必要な時に手に入れ
ることで、自然災害や個人・家族の状況に幅広く対応できるようになるの
で、持続可能性の強化にもつながります。

　有価証券担保ローンの利用に伴う流動性の向上と柔軟性の向上から波及し
て、最後の借入利用の強みであるレバレッジの引き上げを獲得することもで
きます。確かに、設定した与信枠の種類によっては、そこから借り入れた資
金を使って新たな金融商品に投資することができない場合もあります。とは
言え、資金を手にすれば、別の形でレバレッジの引き上げの恩恵にあずかれ
ます。例えば、自分が携わる事業への投資に資金を投じることができたり、
かなり低い金利で借り入れた資金を使って高い利息をとられるクレジット

カード・ローンの返済ができたり、といった具合にです。

有価証券担保ローンを設定しないことに伴う、最大のデメリット

　有価証券担保ローンを設定**しない**ことによって生じる、最大のデメリットとは何でしょうか？

　もし、有価証券担保ローンを設定しないことを選択すれば、深刻な財務的困難に直面する可能性が高まります。

　特に、災害や緊急時、あるいは家族に危機的な事態が起きた時、これらはすべてあなたを深刻な財務的困難に直面させる可能性がありますが、次のものが上昇するリスクに自らをさらすことになります。

・直接コスト（借入手数料の上昇）
・間接コスト（心配や不安）
・回復までの期間の長さ（危機的な状況がより長引く可能性があります）
・影響の大きさ（危機的な状況によって、より大きな損失を被る可能性があります）

　違う言い方をすれば、有価証券担保ローンの設定に必要となる簡単な手続きをし損なうことで、相当額の予備的な流動性を利用できない状況に自らの身を置くということは、予見可能または不可能な将来生じうるリスクや危険に対して、効率的かつ柔軟で、冷静な対応を採ることがずっと難しくなる状況に自らの身を置くことに他ならないのです。

ほぼすべての企業が与信枠を設定している理由

　第1章で、戦略的借入哲学の第2の教義、企業のような思考と行動を**探求しなさい**を示しました。これは、ありとあらゆる場面で企業と同様に**行動すべきだ**、ということでは必ずしもありません。そうではなく、企業はどうしているか、それはなぜなのか、ということを少なくとも考えるべきだ、ということです。そして、自分の個人的な状況に照らして、同様の戦略を採ることの妥当性を検討すべきだ、ということです。企業は、個人や家族と違い、主として利益を稼ぐことを目的とした存在です。ですから、お金に関わることなら、企業は自らの行動についてよく理解したうえで行っているという見方は、妥当なように思われます。では、与信枠の設定に関して、企業からはどのようなことを学べるでしょうか。

　まず、次のことを述べておくべきでしょう。それは、大規模な投資ポートフォリオをもつ企業は、個人や家族が利用するものに非常によく似た有価証券担保ローンを設定できます。ただし、その一方で企業は通常、これとは別のタイプの与信枠を設定し、状況が厳しい折や災害時にそれに頼れるようにしている、ということです。こうした与信枠は、売掛金や棚卸資産を担保として設定されることが多くなっています。また、企業の規模や担保資産（不動産や工場にある設備など）の総額によっては、オーナーが与信枠に対して個人的な保証を求められることもあります。その際には、彼らは渋々それを受け入れることになるかもしれません。いずれにせよ、規模に関わらずほぼすべての企業が、緊急時に頼りにできるような何らかの与信枠を設定しているのです。

　さて、第1章では、次のような問題を出しました。「もしあなたが公開企業のCFOで、最適借入比率の達成に注力しなかった場合、どうなるか、わかるでしょうか？」答えはもちろん「**クビになるでしょう！**」でした。企業が、いざという時に頼れる与信枠を設定するかどうかに関しても、これと同

じことがあてはまります。

もし、私がある企業の社長ないし CEO で、その企業の CFO が与信枠を設定しておらず、何らかの資金ニーズが生じたとしたら、私はどのような行動を採るでしょう？

すぐに彼、ないし彼女をクビにするでしょう！

同じ考え方は、家族のために与信枠を設定する必要性に関してもあてはまります。企業と同様に、個人においても、与信枠の設定を検討することは、大切なことです。

では、なぜ、ほとんどの企業がいざという時に頼れる与信枠を設定しているのでしょうか？[4] 答えはいたって簡単です。つまり、与信枠の設定によって、流動性の向上、柔軟性の向上、持続可能性の強化、そしてレバレッジの引き上げを少なくとも確保しておくことがとても重要だからです。この点においては、企業と個人や家族は、全く同じ状況にあります。結論は、次のとおりです。

ほぼすべての企業は、与信枠に相当するものを設定しています。そして、あなたもそうすべきです。有価証券担保ローンを設定することは容易で、コストもかからず、もし何かよくないことが起きた時に大きな価値をもたらすため、是非そうすべきです。この「何かよくないことが起きた時」は、私も2008年に経験しました。これについて、次にみていくことにしましょう。

■ 台風などの災害を生き抜く

天下の柔弱なるもの、水に過ぐるは莫し。而も堅強を攻むる者、能く勝るあるを知る莫し。

——老子

（『新書　漢文大系 2 老子』、明治書院、1996年）

　2008年、米国史上最大級の自然災害が中西部を襲いました。FEMA（米国連邦緊急事態管理庁）によると、

　　アイオワでは、数多くの町が史上最高水位に達する洪水を経験した。年間 1 ％の確率で氾濫が起こる地域のはるか外側で被害を受けた町もあった。住宅やオフィス、重要な施設が水浸しになり、何十億ドルにのぼる被害が発生した。シーダーラピッズ（訳注：町名）では、それまでの過去最高水準を12フィート以上上回る水位に達する洪水が、年間 1 ％の確率で氾濫が起こる地域のはるか外側を襲い、水浸しとなった面積は 9 平方マイルに及んだ[5]。

　シーダーラピッズに関する記述にお気付きでしたか？　シーダーラピッズというのは、ちょうど私の故郷があるところです。最近はシカゴで大半の仕

図4－1　2008年の洪水後の私の事務所の写真

事をするのですが、気合を入れて仕事をする際の作業場兼個人的な生活拠点をシーダーラピッズにも置いているのです。私の一家は、6世代にもわたってシーダーラピッズで暮らしてきました。では、図4-1に示した写真をよくみてください。シーダーラピッズにある私の事務所の写真です。洪水が襲った直後、修繕前に撮影しました。事務所は1階にあるのですが、建物を襲った洪水の威力がおわかりになるでしょう。その力によって、鉄道の枕木や樹木、その他の瓦礫が押し流されて、すべてが完膚なきまでに破壊されてしまいました。事務所のスペースを駆け抜けた水流の強さが、すべての家具を移動させ、甚大な被害をもたらしました。

こうしたことが起こった場合、修繕や生活の立て直しのためのお金の必要性は、どれほど差し迫ったものでしょうか? 答えはもちろん、「お金はすぐに必要です! **今**、お金が必要なのです。その場所を綺麗にするために、新しい家具を注文するために、仮事務所あるいは全く新しい事務所の手付金を支払うために、そして電話機からコンピュータやプリンタに至るまでのありとあらゆるハイテク用品を発注するために、お金がいるのです!」。

こうした自然災害を対象とする保険に加入していることも、明らかに大切です。しかし、保険会社が、すぐに50万ドルの小切手を渡してくれて、あなたが最重要と考えるもの何にでも使ってくださいと言ってくれることを期待するのは、非現実的でしょう。しかし、有価証券担保ローンを設定していれば、こうした状況においても、あるいはあなたの自宅が被害を受けるような状況下でも、ずっと速やかに、そして効率的に通常の生活に復帰することができるのです。しかも、個人的な蓄えを部分的にでも現金化したり、非常に不利な金利で借入れをしたりする必要もないのです。

■ 事前の行動とリスク評価の重要性

タイミングがすべてだ、とよく言われます。有価証券担保ローンについては、特にそのとおりです。もし、有価証券担保ローンを設定しようと思った

タイミングが、猛烈な台風や自然災害が起きた**後**、金融危機が起きた後、緊急に高額の手術を受ける必要のある命に関わる病気が発症した後……であれば、それは大抵、あまりにも遅きに失します。これらのいずれの状況下においても、行き当たりばったりで最適ではない形で資産を現金化するのを避けるには、**現金が直ちに必要**となります[6]。

　有価証券担保ローンの設定には通常、最短で 2 ～ 3 週間を要することを覚えておいてください。しかし、次の大型台風や地震といった大きな自然災害が起こった後に、この期間がどのくらいになるか想像してみてください。この時期には、有価証券担保ローンから借り入れられる分も含め、ありとあらゆる資金源から緊急にお金を引き出す必要性が高まります。したがって、有価証券担保ローンを設定し、利用可能になるまでに要する期間は、劇的に長くなってしまう可能性がとても高いでしょう。

ハリケーン・サンディ

　ハリケーン・サンディは2012年に発生し、米国史上最大級の自然災害を引き起こしました。国立気候データセンターによると、この台風で少なくとも60名の方が亡くなり、420億ドルの資産が被害を受けました。緊急事態の責任者は、低地に住む50万人以上の人たちに強制避難を呼びかけました。広範囲にわたって大規模な停電が起き、200万人以上が影響を受けました。その影響は、 2 週間に及びました[7]。

　この台風は、たくさんの人たちが一気に、とても深刻な影響を、しかも同時に受けるという数多くある事例の一つです。借入れの手段を持っていた人は、借入利用の強み、つまり流動性の向上、柔軟性の向上、レバレッジの引き上げ、そして持続可能性の強化のすべてを活用できる有利な立場にありました。与信枠の設定を先延ばしすることなく、いち早く設定しておくべきです。

　さて、「でも、私は緊急事態に出くわさないよ」と思っている人もいるか

もしれません。しかし実際には、誰一人として、そのようなことは言えないのです。私たちは皆、いつかは緊急事態に直面するのです。それは人生の一部であり、それは今後とも変わりません。残念ながら、私たちは皆、過去のことは忘れがちで、「そんなことは私には起こらないよ」と考えがちなのです。そして、リスクの本質について大いなる誤解をしがちなのです。リスクには、外側から発生する、あるいは外部起因の「外因的リスク」と、内部から生じる、あるいは内部起因の「**内因的リスク**」があります。

この2種類のリスクについてよく理解するために、私がビジネススクール在籍時に出会った次のケース・スタディを考えてみてください。それは、ボストンに工場を持つ製造業者のCEOに関するものです。ある日、雪が降り始めた時に、そのCEOは事務所を出ました。次の日、彼が戻ってくると、一晩中激しい猛吹雪に見舞われて、ものすごい量の積雪によって製造工場の屋根が崩落してしまっていたのです。その結果、大量の機械が破壊され、数週間にわたって工場を閉鎖せざるをえなくなりました。

ほとんどの人は（このCEOのように）、猛吹雪は**外因的**ショックだと考えるかもしれません。なぜなら、結局のところ、天候を制御することなどできないのですから！ このCEOは、今回のような事態に備える保険に加入しておらず、このような規模の積雪は想定外だったと考えました。しかし、このケース・スタディから得るべき教訓は、ここで起きたことは実は**内因的**な出来事であり、リスクだったということです。すなわち、工場の経営者であれば、ボストンで大雪が降ることを、標準的なシナリオとして想定しておくべきだった、ということです。

ボストンで、しばしば大雪が降るということは周知のことですから、CEOはこうした事態への対応策を事前に立てておくべきだったのです。適切な屋根を設置していたでしょうか？ 除雪サービスを頼んでいたでしょうか？ 大雪時の緊急計画はあったでしょうか？ まさにこうした状況に備えた保険に加入したり、与信枠を設定したりしていたでしょうか？ 今回のような災害に対して、被害を抑える措置を事前に採っておくべきでしたし、少なくとも想定しておくべきだったのです。母なる自然のせいにしても、工場の

操業再開を早めることはできないのです。

　このケース・スタディは、バランスシートの両側について示唆を与えるものです。天災も人災も起こります。そして、不幸にしてそれらは、あなたに影響を与えることでしょう。個人の財産や車、事務所を破壊するような竜巻や地震、火事、洪水が母なる自然によって引き起こされるかもしれないということは、想定の範囲内です。そして、これまでにみたことのないような形で、予想以上に天候が悪化するのを現実に目のあたりにすることになるかもしれません（このテーマについては、レヴィット＆ダブナー著の『超ヤバい経済学』（望月衛訳、東洋経済新報社、2011年）が名著です）。人災に関して言えば、戦争や大掛かりな不正が起こるかもしれません。企業が突然倒産したり、産業が一気に崩壊して、無数の人々が職を失うこともありえるでしょう。これに関して最悪なのは、こうした事態が少なくとも何回か、いずれあなたに降りかかるだけでなく、あなたの愛する人にも、同じように起こることです。有価証券担保ローンを設定していれば、こうした事態によって現実に過酷な状況に陥ったとしても、それに対してずっと効率的・効果的に対処できるようになるのです。

　残念ながら、ここで取り上げた一連の天災や人災を振り返った時、多くの人がこうしたショックや出来事を**外因的**なもの、「こんなことが起こるなんて、前もって予知することはおそらくできなかった！」と考えがちです。しかし本当は、考えつくほぼすべてのショックや災害は、明確に表現できないものであっても、**あなたの想定において内因的なものであるはずです**。あなたは、こうした事態のうちのいくつか、あるいはそのすべてが起こる**だろう**と仮定して考えるべきなのです。起こるかもしれないと考えたことがこれまでに一度もないような事態を含めてです。つきつめて言えば、起こるか起こらないかではなく、いつ起こるか、を問うべきなのです。

　我々は、ブラック・スワン（訳注：予期せぬ出来事）を、それが泳ぐ（訳注：それが起こる）前にみることはできません。つまり、大きな氷の塊が飛行機から落ちて屋根を破壊する、という事態は予想できません。下水処理ポンプが壊れて有害物が家の中に溢れ出て、数万ドル以上の修繕費がかかるな

どということを、前もって知ることはできません。しかし、**一度も想像したことがないような事態も含めて、こうした状況が現実に起こるだろうということ**、そしてそれは私たちや私たちの家族、友人、愛する人に起こるだろうということは、**知ることができるのです。**

■ 家族内金融
——両親というメインバンク・高齢者ケアのための つなぎ融資

　有価証券担保ローンが助けとなりえるのは、災害に関わる事態が発生した時に限りません。家族関係で困ったことが起きた場合にも、有価証券担保ローンは役に立ちます。子供、特に16〜30歳の子供は、緊急時に備えるための現金の蓄えがないことがよくあります。多くの子供の手元にある現金は1カ月の支払い分にも足りません。そして大抵は、クレジットカードを1、2枚所有し、その残高は1カ月の支払い分と同じくらい（あるいはそれより多め）なのです。このような子供は、大きな経済的ショックを受けた時、事態に対処できません。自動車事故から救急医療や法律違反に至るまで、助けてもらうのは安くないのです！　親が自由に使える有価証券担保ローンを設定していれば、必要な時に手を差し伸べて子供を助けられるのです。

　有価証券担保ローンが利用可能であれば、緊急を要する事態でなくとも、子供が陥った状況に対して大いなる手助けを提供することができます。その一つが、成人年齢に達した子供がいる親が、子供が自らの借入れを返済するのを手助けして、彼らが新たな人生の良いスタートを、あるいはより良いスタートを切れるよう応援することです。大人の仲間入りをしている子供が、クレジットカードで何万ドルもの借入れを抱え込んでしまうということは、珍しくありません。有価証券担保ローンを利用すれば、親は、彼らの借入れをきれいにすることに協力してあげることができます。具体的には、子供が支払わねばならない18〜20％という金利水準をその4分の1未満程度にまで引き下げてあげることができます。そうしたとしても子供の信用スコアには

反映されないでしょう。子供はその後、月々の返済先を変更して、有価証券担保ローンで借り入れた金額の返済をすることができます。親は、どこか自らが望むタイミングで、彼らの返済義務をゼロにしてあげるという選択もできます（もちろん、親には、有価証券担保ローンの借入れを返済する責任が引き続きありますし、カバレッジ比率を注視しておく必要があります）。

　もう一方の年齢層に対しても、有価証券担保ローンは有効です。すなわち、子供が高齢となった両親を必要な時に滞りなく助けることが可能となるのです。例えば、80〜90歳の方の多くは、どこかのタイミングで、それまでの住まいからケア施設へと移る必要が出てくるかもしれません。しかし、このような施設への入居はとても競争が激しくなりがちです。それゆえ、良質なケア施設の希望する部屋が利用可能な際には、部屋を確保するためにすぐに行動し、多額のお金を支払う必要があります。

　父親が数年前に他界し、母親は87歳で体力が衰えつつあるとしましょう。そして、その母親が一番いいと思ったケア施設の部屋を至急確保するために、20万ドルのお金が突然必要となったとしましょう。そう、有価証券担保ローンを設定していれば、母親はこれを使ってつなぎ融資を受けて、その後、住まいを売却して借入れを返済する、ということができます。有価証券担保ローンは、このような状況に対して臨機応変に対応することを可能にしてくれるのです。つまり、両親が他人に過度な迷惑をかけずに、希望するもの、あるいは必要なものを得ることを可能にしてくれるのです。

両親を助け、子供を助ける

　成人年齢に達した子供は、有価証券担保ローンを利用して家族のためにつなぎ融資を提供することができます。高齢となった両親向けに、先ほどの例のような形で利用することもできますし、自分の子供向けに活用することもできます。有価証券担保ローンは、このような状況にすばやく対応する手段としては、私の知る限り最高の方法の一つです。ただし、その際には税や法的な影響がありえます。したがって、こうした場

合には、ファイナンシャル・アドバイザーや会計士、弁護士など、あなたのすべてのプロのアドバイザーに相談することが非常に重要となります。

チャンスや出血セールの活用

　有価証券担保ローンは、状況が厳しい時、すなわち財務的困難に陥った時、そしてその際に生じる直接・間接的なコスト、影響のレベル、期間の長さからあなたを守ってくれるだけでなく、状況の良し悪しに関わらず、特定の機会を活かすことをも可能にしてくれます。

　簡単な例でみていきましょう。「補論A」の「借入れの種類」の表A－1で示しているように、あなたが利用できるものの中で最悪の借入れは、金利の高いクレジットカード債務です。５万ドルのクレジットカード債務を抱えているとしましょう。本書を読めば、あるいは常識的な判断を下すことができれば、金利が平均18％の場合、このクレジットカード債務を返済せずにそのままにしておくことは、まさにお金を穴に投げ捨てるようなものだと、すぐに気付くはずです。

　幸いにして、もしあなたが適格性を認められて有価証券担保ローンを設定していれば、５万ドルをずっと低い（本書の執筆時点では４％、ないしそれ以下の）金利で借りることができます。したがって、18％の利払いを毎月求められる代わりに、４％の金利負担で済ませられるかもしれないのです。しかもその金利は、月々支払う必要がないのです。

　クレジットカード債務の借換えは、有価証券担保ローンによってチャンスをものにできるということの一例です。他のこれとは相当異なる種類の機会も、捉えることができます。それは、出血セールの時に生まれるチャンスです。基本的に、有価証券担保ローンを活用すれば、自分が買いたいものを買いたい時に購入するという柔軟性を得ることができます。それゆえ、もし目の前に魅力的な取引の機会があれば、そのチャンスをものにできるのです。

例えば、新車を探しているとします。そして、あなたが欲しい車が、通常は5万ドルで売られているとします。しかし、話をしていた車のディーラーが、自分は今現金不足の危機的な状況にあるので、もし現金で即日払いをしてくれるなら、1.5万ドル、つまり30%の割引をしましょうと教えてくれました。あなたは、すでにいろいろとみて回ってきたので、これは非常に魅力的な申出であるとわかっています。この時、手元に十分な現金があるかどうか思いをめぐらす代わりに、単にあなたの取引金融機関に電話して、ディーラーに3.5万ドルを送金してくれるよう依頼すれば（あるいは小切手帳から小切手を切れば）よいのです。そして、それから数日をかけて、希望する自動車の代金の支払い方法について、判断すればよいのです。何か資産を売却するか、与信枠で借り入れた3.5万ドルをそのままにしておくのか、あるいは一部ないし全額を返済するのか判断すればよいのです。3.5万ドルを借り入れたために毎月の利息が発生し始めますが、この負担をどう処理するかは、かなり柔軟に決められます。なぜなら、ほとんどの場合、定期的な金利や元本の支払いを強制されることはないからです。

即時に利用可能

　私は、私のお客様が5万ドルの現金と100万ドル超の投資ポートフォリオを保有していて、5万ドル超の車の購入を検討しているといったケースを数多くみてきました。事前に有価証券担保ローンを設定していれば、自動車ディーラーにすぐに送金するよう取引金融機関に依頼できます。そして、アドバイザーと顧客は、その後に一緒に腰を据えて、自動車の代金をどのように支払うか、決められるのです（自分の資産から何を売却するか、いつ売却するか）。

　非常に大きなチャンスとなる出血セールがたまにあるもう一つの分野が、不動産です。ある投資家の隣人は、22.5万ドルの売値が付いた空き地を所有していました。しばらくして、この隣人が売値を約15万ドルに引き下げまし

た。投資家は隣人のところに行って、「あなたが売りたくなったら、いつで
も11.5万ドルを現金で支払う」意向であることを告げました。すると、**7日
間のうちに取引は成立したのです**。住宅ローンの貸し手の関与はなく、借入
れの審査も、実査もありませんでした。7日間もかかったのは、不動産所有
権の調査を行い、譲渡手続きのための法的文書を準備するためでした。しか
し、このケースでは、もし有価証券担保ローンが設定されていなければ、投
資家はすぐに取引に踏み切り、これを成立させることはできなかったでしょ
う。有価証券担保ローンを設定していたおかげで、投資家は、借り入れた
11.5万ドルの返済方法や返済金額を、望むだけの時間をかけて判断すること
ができたのです。

有価証券担保ローンの平均利用率と ウィン・ウィン・ウィンのシナリオ

CFP（Certified Financial Planner：認定ファイナンシャル・プランナー）なら
必ず、状況が良い時に与信枠を設定し、状況が悪化した時にこれを利用する
ことを推奨するはずです[8]。

> 多くの有価証券担保ローンは、常時利用されているわけではありませ
> ん。しかし、ほとんどの有価証券担保ローンは、どこかのタイミングで
> 使われます。

私が金融業界のトップを対象として非公式に調査したところ、本書の執筆
時点で大手金融機関の顧客の過半数は有価証券担保ローンを設定して**いませ
ん**。大手金融機関の多くでは、与信枠を設定している顧客はたったの10％ほ
どで、金融機関によってはこの比率は10％をずっと下回っているのです！
この統計データは不可解です。なぜなら、本章を通じて述べてきたように、
有価証券担保ローンは設定コストがかからず、資金を引き出さない限り継続
利用に伴うコストもかかりません。そして、実際にこれを使う段になれば、

文字どおり救命用具となりえるからです。リチャード・セイラーが、著書
『実践　行動経済学』（2009年）で提案しているように、「初期条件を変更す
る」ことが必要なのです[9]。適格条件を満たす顧客の90〜100％は有価証券
担保ローンを設定しておく**べき**なのです。有価証券担保ローンを、緊急時の
重要な備えとみるか、あるいはチャンスの時のためのものとみるかはともか
く、実際に必要となる前に有価証券担保ローンを準備しておくことは、全く
もって理にかなったことなのです。

　投資家は、金融サービス業界における利益相反の問題に対して、もっとも
な関心を寄せています。有価証券担保ローンに関して興味深い最後のポイン
トは、有価証券担保ローンは、個人投資家／顧客にとっても、彼らのファイ
ナンシャル・アドバイザーないしプライベート・バンカーにとっても、そし
て担保資産を預かって有価証券担保ローンを提供する金融機関にとっても有
益である、という点です。このうち、個人にとってのメリットは明らかです
し、本章を通してすでに説明してきました。

　ケース・スタディで示すように、ファイナンシャル・アドバイザーにとっ
ての主たるメリットは、バランスシートの両側を適切に管理できるため、よ
り優れた、すなわち、より全体的でとても効果的なアドバイザーになれると
いうことです。有価証券担保ローンの活用により、アドバイザーは顧客の資
金を節約できます。これにより、顧客の満足度を、それゆえに顧客の定着率
を引き上げることができます。

　最近では、金融機関に対して好意的な見方をする人はわずかしかいませ
ん。それでも、有価証券担保ローンがそれを提供する金融機関にもたらす価
値について議論することには、意義があります。有価証券担保ローンのよう
なローンは、伝統的な貸出です。大胆な言い方をすれば、有価証券担保ロー
ンは、顧客が金融機関に対して望んでいる、求めている金融サービスなので
す。有価証券担保ローンだからといって、特別変わったことや独特なことは
ありません。本質的には、伝統的な担保付融資を既存の顧客に対して提供す
る、というだけのことです。そのような金融商品を提供することで問題が生
じるとすれば、その原因は金融機関側ではなく、本書の内容に沿った助言に

したがわない投資家側にあるのが通常です（借入比率が高すぎる。与信枠から過度に資金を借り入れる。さまざまな状況に対応するためのグローバルに分散投資された担保資産になっていない）。

　有価証券担保ローンの与信枠は、顧客の資産によって裏付けられています。そして、顧客の資産は口座に預け入れられたうえで、毎日値洗いがなされます。与信枠の大きさは、担保資産の価値に基づいて設定されるので、金融機関にとってはかなりリスクが低いものとなっています。貸出金利は、金融機関の資本コストにスプレッドを上乗せして決められます。金融機関は、いったんこうした有価証券担保ローンを提供する体制を整えてしまえば、追加的に発生する経費はほぼありません（不動産も、人材も、コンピュータも、技術開発も、新たに必要となることはありません）。それゆえ、資本コストに上乗せされるスプレッドは、その多くが利益となって、金融機関の最終損益に直結するのです。したがって、たとえ金利が比較的低くとも、金融機関も十分なメリットを受けられるのです。そしてまた、適格条件を満たした個人や家族に対して、利用可能な融資制度の中で有価証券担保ローンがほぼ最良の条件を提供してくれるのも、こうした理由からなのです。

◆ 第4章のまとめとチェックリスト

　有価証券担保ローンについては、第2章で「必ず検討しなければならないこと」と題してすでに触れていましたが、本章では詳しく有価証券担保ローンについて議論し、分析を行いました。具体的には、有価証券担保ローンとは何なのか、どのように機能するのか、なぜ企業は有価証券担保ローンかそれに相当するものを設定しているのか、といったことです。そしてまた、有価証券担保ローンがもたらす数多くのメリットや、災害に見舞われる**前**に設定することの重要性も取り上げました。そしてさらに、自然災害や緊急時に家族のメンバーを助けるという場面から、出血セールや他のすごい経済的チャンスをものにするといった場面に至るまで、さまざまな状況下で有価証券担保ローンをどのように活用することができるのか、についても検討しま

した。

　有価証券担保ローンを設定するには、適格有価証券を担保として差し出して、金融機関の口座に預け入れなくてはなりません。有価証券担保ローンから借り入れた資金に対して課される金利は、設定する有価証券担保ローンの規模（規模は、差し出そうと思う、あるいは差し出すことのできる担保資産の総額に基づいて算出されます）によって変わります。そして、最大借入額が大きくなればなるほど、金利（通常は、LIBORのような標準的な指標に一定の利率を上乗せしたもの）は低くなります。有価証券担保ローンを一部でもいったん利用すると（資金を送金したり、有価証券担保ローンにリンクした小切手帳から小切手を振り出したりすると）、月々利息負担が積み上がっていくことになります。ただし、これはキャップ＆ロール・ベースなので、利息や元本を毎月支払う必要はありません。

　重要なことは、有価証券担保ローンの借入枠のほとんど、ないしすべては、緊急時や大きなチャンスが訪れた時のためにとっておくのが最善だ、ということです。こうした状況では、すぐに現金を手に入れられることで、事態が大きく変わってきます。もし、あなたが、借入枠を使いすぎている時に、担保として差し出している有価証券の価値が下落すると、追加担保を強制される可能性があります。この場合、金融機関が損失を出さないことを確実にするために、金融機関が選択する事実上いかなる方法ででも、あなたの投資資産の一部を売却することを意味します。こうした事態は、あなたにとって起こって欲しい事態ではないでしょう。それゆえ、有価証券担保ローンを利用する際、そして運用方針を判断する際には賢明な選択をしましょう。

　住宅を担保としたローンを借入れの中心に据え、有価証券担保ローンについては、柔軟性や緊急時のために活用できるようにしておくべきだと我々が推奨しているのは、こうした理由からなのです[10]。これについては、ケース・スタディでみていきましょう。理想としては、借入枠の50％を超えて資金を借り入れないようにしましょう。そして、担保として差し入れる資産は、「補論C」のテーマにしたがって運用方針を決めるようにしましょう[11]。

チェックリスト

☐ 有価証券担保ローンの基本的な仕組み（設定方法、利息のかけられ方、現金を引き出す方法）を理解しましたか？

☐ キャップ＆ロール構造について理解しましたか？ また、借り入れた資金の一部、ないしその全部を固定金利にした場合にどのようなことが起こるのか、理解しましたか？

☐ 有価証券担保ローンの設定には多くのメリットがあります。また、資金を借り入れない限り、コスト負担は一切発生しません。これらの点を踏まえると、適格条件を満たすのであれば、ほぼすべての人にとって有価証券担保ローンを設定することが妥当だ、ということが理解できましたか？

☐ もし、あなたに子供がいたり、両親がご存命であれば、有価証券担保ローンを設定することで、比較的少ない費用で、彼らの人生を劇的に変える機会が得られるかもしれない、ということが理解できましたか？

☐ 有価証券担保ローンを過度に利用すると、いつかは財務的困難に自ら陥り、あなたのポートフォリオ資産に対して追加担保を強制される潜在的な危険性があることを理解していますか？

☐ 有価証券担保ローンは、あなた、あなたのアドバイザー、そしてアドバイザーが所属する金融機関の3者にとって、ウィン・ウィン・ウィンの状況を生み出すということを理解し納得しましたか？

注

1. 有価証券担保ローンを通じた借入可能額を算出する際、担保の対象とならない証券があるかもしれません。例えば、（これだけに限りませんが）、株価が10ドル未満の証券や、時価総額が5,000万ドル未満の企業の発行証券、仕組商品、市場連動型証券（Market-Linked Notes）、流動性の低い、あるいは市場取引が少ない証券です。税制優遇付きの退職口座に預け入れられている証券も、担保として認められない可能性があります。ファイナンシャル・アドバイザーないしプライベート・バンカーと密に協働して、借入れの担保としてどのような証券が認められるのか判断することが重要です。詳細については、「補論A・B・C」をご確認ください。

2．カバレッジ比率は、借入れ済みの金額に対する借入可能額の大きさを測る指標です。担保資産の価値が下がると、利用可能な与信枠もこれに応じて引き下げられます。100万ドルの与信枠から10万ドルを借り入れている場合には、比較的リスクの低い状況にあります。しかし、もしこの与信枠から90万ドルを借り入れているとすれば、相対的にリスクが高い状況にある、ということになります。

3．もし、有価証券担保ローンからの大きな借入れ、典型的には10万ドル以上の借入れについて、金利を固定したとすると、分割払いのような支払方法になるかもしれません。また、月々の支払いや、最終返済時での一括の支払い（バルーン返済）も、おそらく求められることになるでしょう。さらには、固定金利での借入分を繰上償還すれば、それに伴う追加手数料が生じる可能性もあります。

4．Stephen A. Ross, Randolph Westerfield, and Jeffrey Jaffe, *Corporate Finance*, 10th ed.（New York: McGraw-Hill, 2013), 494－525ページでは、本テーマに関してより詳しく説明されています。

5．www.fema.gov/library/viewRecord.do?id=3851

6．もし、本書が勧めるように、数カ月分の支払いに対応できる資金を手元に置いておけば、緊急時に必要な額を充足するかどうかはともかく、これによって追加的な流動性を確保できるようになるでしょう。また、保有する証券を現金化できる場合にも、伝統的な決済期間内の資金を確保できるようにもなるでしょう。現金や有価証券担保ローンの活用、あるいは証券の現金化については、それが必要になった時に、個別具体的な状況に合わせて、アドバイザーと相談すべきです。

7．www.ncdc.noaa.gov/stormevents/eventdetails.jsp?id=413124

8．Craig W. Lemoine, Don A. Taylor, eds., *Financial Planning: Process and Environment*, 3rd ed.（Bryn Mawr, PA: American College Press, 2009）の第8.42節と第8.43節「ファイナンシャル・プランニングの応用」参照。

9．Richard H. Thaler, Cass R. Sunstein, *Nudge: Improving Decisions about Health, Wealth, and Happiness*（New Haven, CT: Yale University Press, 2008).（遠藤真美訳『実践　行動経済学』日経BP社、2009年）

10．これは、住宅を担保に資金を借りて、調達した資金を運用に回すよう勧めるものでは必ずしもありません。そうではなく、あなたがどのような形で借入れを行うことが最善かを判断する際に考慮に入れるべきいくつかのメリットが、住宅ローンには存在するということを述べているのです。さまざまな種類の借入れのメリットとリスクを事前に理解することは、こうした考えを実践に移すかどうかを選択するにあたって不可欠なものです。

11．本章の内容は、他の章と独立したものではなく、本書全体の一部として、全体的に考慮されるべきものであり、独立の内容と考えられるべきではありま

せん。これには、本書の至るところで示されている免責事項と、紹介している考え方に関するリスクについての議論が含まれますが、これらに限定されるものではありません。本書の内容は、あなた自身の状況、リスク許容度およびゴールに基づき、アドバイザーとの間で、さまざまな考え方のリスクと潜在的な恩恵についての思慮深い議論と会話をすることを促すためのものです。

時間を味方につけよう

長期運用でリスクも軽減しよう

　資産の有効活用において忘れてはいけないのが長期運用、すなわち「時間を味方にする」ということです。資産運用にはリスクが伴いますが、一般的には、長期運用をすることでリスクを軽減できると言われています。

　例えば、20代や30代の若い世代から投資を始めると、長期運用の効果をより享受しやすくなるのです。最近では積立投信等の投資を始めやすい制度が導入されています。一方、20代や30代は結婚やマイホームの購入、子育て、教育等の資金需要が多い世代でもあります。その都度、資産運用を中断していては当初期待していた長期運用の効果を得られません。

　図②－1と図②－2は有価証券担保ローンを活用した際の長期運用の効果を、従来の貯蓄優先型と比べたものです。図②－1のグラフのように将来の資金需要に備えて一定の金額を定期預金等で貯蓄し、出費の都度それを取り崩すという場合、昨今の預金の金利では最終的な運用益がかなり限定されてしまいます。一方、図②－2のグラフは、早期に運用を始め、必要な出費に対しては有価証券担保ローンを活用して対応した場合の運用益の積上げ状況を示しています。このモデルケースの試算では、最終的な運用益が高くなる可能性があることが示されています。

　このように、一時的な資金需要に備えて貯蓄するのではなく、いざという時はローンを活用するという選択肢を持っておくことで、人生100年時代に備えた準備ができると言えるのではないでしょうか。

　また、運用を継続するために借入れを検討しても、多くの銀行は資金使途ごとに金利等の条件を定めており、ブライダルローンや住宅ローン、教育ローン等それぞれの資金使途ごとにローンを契約、管理しなくてはならず手間がかかります。

　それに対し資金使途が自由な有価証券担保ローンの場合、結婚資金や不動産購入資金、子育て資金、教育資金等、資金使途にとらわれずに幅広く活用することが可能です。

　例えば一時的に教育資金が必要な場合でも、有価証券担保ローンを利用すれば運用を継続しながら必要な資金を用立てることができるのです。投資では長期運用が大切です。「あの時売らなければよかった」とならないよう、必要な資金を用立てる手法を検討することが重要です。

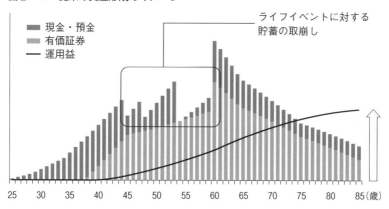

図②-1 従来の資産形成のイメージ

■ 現金・預金
■ 有価証券
— 運用益

ライフイベントに対する
貯蓄の取崩し

25　30　35　40　45　50　55　60　65　70　75　80　85（歳）

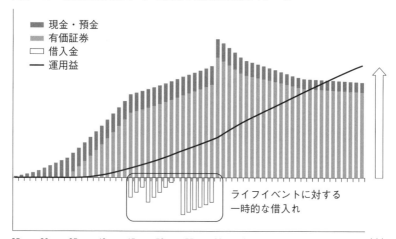

図②-2 有価証券担保ローンを活用した資産形成のイメージ

■ 現金・預金
■ 有価証券
□ 借入金
— 運用益

ライフイベントに対する
一時的な借入れ

25　30　35　40　45　50　55　60　65　70　75　80　85（歳）

（注1）　現金・預金比率は、グラフの上下で2：1とし、60歳での退職金受取りを
　　　　前提として試算。金利・利回りは、現金・預金0.02％、有価証券3.00％、借
　　　　入金利1.5％として算出。
（注2）　本グラフはローンを活用した資産形成の一例であり、あくまでもイメー
　　　　ジ。実際の運用利回りはマイナスになることもあります。
（出所）　野村信託銀行作成

（野村信託銀行前営業企画部長　四丸　勝貴）

第3部

成功へのシナリオ

「20世紀の米国は、2つの世界大戦、トラウマと高価な代償を伴った軍事紛争、大恐慌、十数回もの不況や経済的パニック、オイルショック、インフルエンザの蔓延、大統領の不名誉な辞職、といった出来事に見舞われた。しかし、ダウ平均は66ドルから11,497ドルにまで上昇したのだ」

ウォーレン・バフェット

スプレッドの獲得を通じた
長期的な富の拡大

基本概念——大きな報酬にリスクは付きもの

スプレッドの獲得は、戦略的借入哲学とその実践の中心的な概念です。スプレッドの獲得とは、投資を行う際に発生するすべての税効果と取引のコストを考慮したうえで、借入れのコストよりも高い投資リターンを目標とし、それを獲得することです[1]。言い方を変えれば、レバレッジの引き上げは、戦略的借入れの実践の一環として活用が可能になる4つの借入利用の強みの一つであることを、忘れないでください。スプレッドを獲得しようとする時、あなたはその引き上げられたレバレッジを活用して借りたお金で利益をあげようとしています。

　でも、それはリスキーな行為ではないでしょうか。もっとお金を稼ぐためにお金を借りるのは無謀に思えるかもしれませんし、確かに一定のリスクが伴います。プラスのスプレッドが獲得できる保証はありませんし、そのような保証はありえません。どんなに安全で手堅いと思えるような投資でも、投資には失敗が付きものです。酷い結果になる可能性は常にあります。

　例えば、一見、リスクが低い債券に投資をしても、あなたが債券を保有する企業、自治体、その他の（国内あるいは海外の）政府機関が破綻する可能性はあります。もしそうなって、あなたが有価証券担保ローンで借入れをしていたならば、あなたの口座は強制的な追加担保請求の対象になるかもしれ

ません。その場合、あなたが財務的困難に陥るリスクが高まるばかりか、お金を稼ぐためにお金を借りたために、財務的困難の直接あるいは間接的なコストが増加し、その影響が拡大し、その期間が長引く結果になる可能性があります。

そのため、あなたがいかに用心深いかどうかに関わらず、スプレッドを獲得することは本質的にリスキーであり、場合によっては、長い目でみた時にあなたの資産状況を大幅に悪化させる可能性があるという事実を受け入れることが重要です。一方で、あなたはそうした可能性と、**基本的に世界は私たちが知っているままの形で続く可能性がかなり高く**、リスクを取る意思があれば、長期的にあなたの資産の蓄積を成功裏に加速させることができるかもしれないということを、比較して検討しなければなりません。このようなリスクの計算方法を念頭に置いて、最終的に次の判断をします。

世界のどこかに、あなたがスプレッドを獲得するために取り入れる借入れに対して支払う実際のコストを上回る可能性がとても高いと思う投資対象があるでしょうか[2]。

あなたの答えがイエスであれば、おそらく、追加の借入れを行うことは理にかなっているでしょう。ですが、他にも考慮すべき多くの要素もあります。本章の残りの部分では、まず、こうした追加的な要素のいくつかを検討し、次に、スプレッドの獲得が実際にどのように機能して、あなたに利益をもたらすかについて、いくつかの例を挙げます。その次に、現在、また将来、最適な借入比率を維持するために、いつ借入れを返済し、いつ返済すべきでないかについて、第3章の議論を拡大していきます。そしてこの章の締めくくりとして、スプレッドを獲得するためのあらゆる努力が、あなたの全体的な投資戦略と整合的であることを確認することがいかに重要であるか、なぜ重要なのかについて議論します。

考慮すべき3つの主な要素

　前述のように、最も重要な要素は、アドバイザーと相談した後に、あなたが、投資を行うために借り入れたお金で、借入れのために実際にかかるすべてのコストよりも高いリターンをあげることができると、比較的落ち着いて自信を持って感じられることです。ですが、他にもさらに3つ、追加的に個別に検討するに値する要素があります。それらは、

1　スプレッドの獲得を目指す期間、つまり、あなたがどのくらいの時間をそのための作業にかけるかです（ヒント：期間が長いほど、プラスのスプレッドの獲得に成功する可能性は高まります）。
2　借入れの担保となる資産基盤、そして、借入れの種類と金利です（昔から言われているように、お金を稼ぐためにはお金が必要です。言い換えれば、すでに富裕な人がより富裕になるのは、比較的簡単だということになります）。
3　最適な借入比率の達成、維持に向けて、あなたがどの段階にいるかです。借入比率が最適水準より低い場合、あなたには、適度な借入れを行う追加的動機があります。

　これらの要素を一つずつ考えてみましょう。まず、**期間**については、特にあなたが株式もしくは他の債券以外の商品に投資をする場合、期間が短いほどスプレッドの獲得に成功する確率は低くなります。

　重要なことは、毎分、毎時間、もしくは毎日、スプレッドを獲得することが目標では**ない**ということです。借入れに金利が付く傍らで投資口座の評価額が減る日も当然あります。さらに、この明らかな事実の延長として、月によって、また年によっては、損が出ることもあります。そこで問題は、スプレッドの獲得に成功しているかどうかを評価するうえで適切な期間はどのくらいかということです。一般的に、戦略の成功を評価する期間としては3～

5年が適切なようです。

　3年経った時点で過去を振り返り、あなたの投資ポートフォリオが、税引き後の資本コストを上回る額の投資利益を生んだかどうかを測定することができます。ここで覚えておいて欲しいのは、あなたの資本のネットの平均コストが2.5％なら、投資ポートフォリオがネット・ベースで2.51％以上のリターンを生んでいる限り、あなたは、借入比率を高めることによって価値を追加したことになるということです。

　あなたが成功裏にスプレッドを獲得できなかった場合には、いわゆる要因分析を行う必要があります。これは、戦略のどこがうまくいかなかったのかの検証作業です。あなたの資本コストよりも高いリターンを生む投資が地球上のどこにも存在しなかったのか、それとも、あなたがそれらの投資機会に適切な資金配分をしていなかったのか。あなたが、借入れのコストよりも高いリターンを獲得できなかったのは、あなたがしたがった戦略的借入哲学に問題があったのでしょうか、それとも、あなたの投資戦略に問題があったのでしょうか。

　あなたが損失を負う**可能性**があるのは確実であり、損失を負わない保証などありません。あなたにスキルがなかったり、あなたの運が悪かったり、あなたが不注意だったりすると、投資のリターンが借入れのコストより低くなり、**マイナスのスプレッド**を獲得することがあります。重要なのは、あなたが投資の配分について賢明な決定を行っていれば、運用の期間が長ければ長いほど、ポジティブな結果が得られる可能性が高いということです。

CFO（最高財務責任者）の視点に立ったスプレッドの獲得

　企業は多くの場合、現金を保有すると同時に負債を持っています。この現金はほとんどの場合、収益率が借入れのコストを下回るため、スプレッドはマイナスです。なぜ企業はこんなことをするのでしょうか。どうして負債を返済してしまわないのでしょうか。

> この現金は、企業を安定させるバラスト（訳注：船、飛行機を安定させるための装置）の役割を果たすのです。現金と借入れがあることで企業は、さまざまな結果を念頭に置いて、攻守両面でより良い経営ができるのです[3]。

スプレッドを獲得する戦略を評価する際には、個々の資産クラスごとに評価するのではなく、投資ポートフォリオ全体として評価することが重要です。実際のところ、分散効果が高い投資ポートフォリオであれば、どのような市場環境においても、あなたの資本コストより低いリターンしか生まない資産が常に一つは含まれているべきです。ポートフォリオ・マネージャーたちは、これを負の相関と呼びます。相関とは、単純に定義すると、複数の資産が同時にどのような方向に変動するかです。従来から、原油価格が上昇すると航空会社の株価は下落し（負の相関）、ある電力会社の株価が上昇すると他の電力会社の株価も上昇すると言われてきました（これは正の相関です。電力会社の大部分は非常に似通った事業を行っているためです）。一方、トウモロコシの価格が下落してもテクノロジー株の価格は特に影響を受けないでしょう（これは無相関、または確率的に独立していると言われます）。ポートフォリオ理論は、さまざまなことを教えてくれますが、投資ポートフォリオに含まれるポジションの数以上に重要なことは、それらのポジション間の相関関係だということを教えてくれています[4]。

多くの懐疑的な人々は「さて、この戦略は2008年にはどのような結果をもたらしただろうか」と尋ねるかもしれません。その答えは、もちろん、その時にあなたが何を保有していたかによる、というものです。もしグローバル株式を保有していたとしたら、保有していた銘柄にもよりますが、たぶん40％以上のマイナスのスプレッドを獲得していた可能性が高いでしょう。もしいくつかの種類の債券を保有していたとしたら、20％以上のポジティブなスプレッドを獲得していたかもしれません[5]。また、多くの投資家は、ほとんどの資産クラスについてロング、あるいはショートのポジションを採れることを、覚えておく必要があります。ある人が、ある資産クラスを十分に保

表5－1　総合リターン

	2007年	2008年	2009年
グローバル債券	10.7%	12.7%	1.4%
グローバル株式	11.7%	－46.7%	33.0%
50/50の投資ポートフォリオ	11.2%	－17.0%	17.2%
総投資額100万ドル	**$1,112,000**	**$922,960**	**$1,081,709**

有していなかった、あるいはポジションの採り方を誤っていたというだけでは、戦略自体に欠陥があったということにはなりません。むしろ、問題は資産配分にあったのではないでしょうか。

　表5－1は、2007年、2008年、2009年の3年間の年ごとの投資リターンを示しています。ここでは、あなたがグローバル債券とグローバル株式の2つのアセットを保有し、それらの資産のパフォーマンスが表5－1のようであったと仮定しています[6]。

　この事例でみると、グローバルに分散した投資ポートフォリオの累積リターンはおよそ8.2%でした（この事例の投資家は8万1,709ドルの利益を獲得しました）。この期間に投資家がプラスのスプレッドを獲得していたとすれば、それはほんのわずかだった可能性が高いですが、取った戦略はそれでも効果的、あるいはほぼ効果的だったと言えるでしょう。グローバル株式は2008年にスプレッドが信じられないほどネガティブでしたし、グローバル債券は2009年にスプレッドがネガティブでした（1.4%は、資本コストより低い利益率であった可能性が高い）。もし、私たちが特定の年の個別のポジションのパフォーマンスだけで判断すれば、誤った決断を下し、低い、あるいは負の相関がもたらす素晴らしいメリットを見逃してしまう可能性が高いでしょう。

　あらゆる時点で、投資ポートフォリオのあらゆる資産についてスプレッドを獲得しようとしているのではないことは、どんなに強調しても強調しすぎることはありません。36カ月ごとの期間においてでさえ、あらゆる資産についてスプレッドを獲得しようとしているのではないのです。多くの、あるい

はほとんどの資産は、十分な時間が経てば、20％あるいはそれ以上調整されます。もしあなたが、短期間でパフォーマンスを測定すると、最悪の時点で資産を売却するなど、非常に愚かな決断を下す可能性があります。

　つまり、成功を測定する際に重要なことは、バランスシート全体が、3年以上の期間にわたって、税引き後のネットの資本コストを上回る利益率で成長しているかどうかです。さらに重要なことは、将来を考えるに際して、バランスシート全体の平均利益率が、次の3年間以上の期間にわたって、税引き後の平均資本コストを上回るという確信が持てるかどうかに基づいて戦略を評価することです。注意しましょう。投資家は、市場が最高値に近づいている時には、自分はアウトパフォームすることができると過信しがちで、市場が最安値に近いところでは、戦略を放棄したい誘惑に駆られがちです。

　2つ目の要素は、あなたの持つ**資産基盤**、すなわち、あなたの全体としての資産水準に関するものです。あなたの資産基盤が大きければ大きいほど、最初に投資できる資産が多ければ多いほど、スプレッドの獲得がより簡単になります。この点については、有価証券担保ローンを活用してお金を借りている投資家をみるとよくわかります。あなたは直感的にこの主張が数学的に正しいかどうか疑問を持つかもしれませんが、これは真実です。なぜなら、資産の成長に伴って、資本のコストが変化するからです。

　例えば、有価証券担保ローンを設定する際に500万ドルの課税資産を担保にすると、50万ドルを担保にする時より、取引金融機関からはるかに有利な金利の設定を受けることができます。つまり、この本が執筆されている時点で、500万ドルの担保を差し入れることができる人の金利はわずか2.5％かもしれないのに対して、50万ドルの担保を差し入れる人は4.5％の金利を請求されるかもしれません。この追加の2％の金利は、あなたがポジティブなスプレッドを確実に獲得できるかどうかの可能性に大きく影響します！

　そもそもあなたが最初に投資できる資産基盤の規模は、あなたに利用可能な他の種類の借入れにも影響します。もしまだ読んでいない人は、「補論A」の「借入れの種類」をご一読ください。いくつかの借入れは他の借入れよりも優れていますが、戦略的に考えると、最善な借入れはおそらく税制上有利

な不動産関連の借入れでしょう。もしあなたが33％の税率区分に属していて、３％の金利で住宅ローンの借入れを行う場合、税控除後で考えると実質２％しか金利を払っていないことになります。基本的には、あなたにセカンドハウスや不動産を購入できる資金力があり、あるいは既存の住宅ローンをより低金利の住宅ローンに借り換えることが可能であれば（あなたはそうすべきであり、すでにそうしているかもしれませんが）、スプレッドの獲得を試みるうえで良いポジションにいるということです。

　第３の要素は、あなたが最適な借入比率の達成と維持において、だいたいどの段階にいるかということです。これについては、第３章で詳しく議論しました。本章の後半でも、最適な借入比率と将来の借入比率の考え方について、あらためて議論をします。ですが、基本的な考え方は、もしあなたの借入比率が最適な水準（一般的に25％前後で、15〜35％の範囲）を下回っているのであれば、あなたには借入れを行う追加的な動機があるということです。もちろん、世界のどこかに、あなたが借入れのために支払う実際のコストよりも高いパフォーマンスを（全体として、かつ時間をかけて）あげる可能性が極めて高い投資が存在すると思わないなら、借入れをして投資すべきではありません。理想的な借入比率に関して、あなたがどの段階にいるかは、主な決定要因であるというより、迷った時に腹を決めて前に進もうとする時に役立つ、追加的な要因だと考えることができます。

スプレッドを獲得する──より進んだ考え方

　前に述べた**世界のどこかに**という言葉について考えることは、今後いくつかのシナリオを検討していくうえで不可欠です。次の例を考えてみましょう。あなたは自国の通貨（ドル）を２％の金利で借りて、３％の利回りの外国債券に投資します。他の条件は不変として、仮にドルが３％下落した場合、あなたのトータル・リターンは３％＋３％＝６％となり、あなたは４％（６％－２％）のスプレッドを獲得したことになります。

ある通貨でお金を借りて別の通貨に投資をすることで、あなたはその通貨に対する自分の見解を示しているわけです。特に世界の多くの地域で実験的な金融政策が採用されている状況においては、こうした行動には追加的なリスクとリターンの特性が伴うことを理解することが重要です[7]。

スプレッドの獲得に関するいくつかのシナリオ

　この章で紹介した考え方をより良く理解するために、あるシナリオを考えてみましょう。それをジェーンのシナリオAと呼びましょう。ジェーンという名前の人が家を借りていて、彼女には大きな資産はなく、100万ドルを相続したばかりだとします。ジェーンは借金が嫌いで、住宅ローンを借りずに現金で50万ドルの家を買いたいと決断します。残りの50万ドルが、彼女の投資ポートフォリオです（以下に示すバランスシートには、相続以外のさまざまな方法によって時間をかけてたどり着きうることを理解しておきましょう）。表5－2のバランスシートに示されているように、この時点でジェーンには、借入れがなく、ここで計算に入れるだけの価値のある他の所有物もなく、純資産は100万ドルです。

　収入はどうでしょうか。もしジェーンの投資ポートフォリオが平均でおよそ6％の収益をあげるとしたら、表5－3の損益計算書に示されているように、彼女は年間およそ3万ドルの収入を得ていることになります（わかりやすくするために、ここではジェーンの他の所得は無視しています。なお、本書のすべての事例は仮説であり、特定の有価証券、商品、または投資戦略のパフォーマンスを示すことを意図していません）。

　彼女が投資ポートフォリオとして保有する50万ドルが、すべて担保として差し出すことが可能な資産である場合、彼女はおよそ25万ドルの有価証券担保ローンを利用できることを認識しておきましょう。

表5－2　バランスシート──ジェーンのシナリオA

最初のシナリオAのバランスシート

資産		負債
不動産	$　500,000	—
投資ポートフォリオ	500,000	—
合計	1,000,000	—
純資産	$1,000,000	借入比率 0 ％

表5－3　損益計算書──ジェーンのシナリオA

シナリオAの投資ポートフォリオの収入

投資ポートフォリオ		$500,000
投資ポートフォリオの収益	6 ％	30,000
税引き後の借入コスト	0 ％	—
投資ポートフォリオの純収入		**$ 30,000**

　さて、ジェーンについて別のシナリオを考えてみましょう。つまり、彼女が戦略的借入哲学を受け入れて同じ過程で別の選択をしていたならば、彼女の資産状況はどうなっていたかを示すものです。このシナリオBの場合には、ジェーンは、同じ家を、家の価値の80％にあたる40万ドルの住宅ローンを借りて購入できました。それによってジェーンは、自分の純資産を変えずにすべての資金を投資に向けることができました（残念ながら、純資産はお金の貸し借りによっては変わりません）。ジェーンはこの場合、140万ドルの資産を保有し、資産に対する借入れの比率は29％（40万ドルを140万ドルで割ると約29％です）と最適な借入比率の範囲内です。このシナリオは、表5－4のバランスシートに示されています。

　シナリオBをジェーンの収入の観点からみるとどうでしょうか。ジェーンの投資ポートフォリオの収益は同じく 6 ％で、住宅ローンの金利は 3 ％、彼女の税率区分が33％であると仮定すると（そのため、彼女の投資ポートフォリオの追加の40万ドルのコストは実質的に 2 ％の8,000ドルになります）、彼女の純

表5－4　バランスシート──ジェーンのシナリオB

シナリオBのバランスシート

資産		負債
不動産	$　500,000	$400,000
投資ポートフォリオ	900,000	─
合計	1,400,000	$400,000
純資産	$1,000,000	**借入比率29％**

表5－5　損益計算書──ジェーンのシナリオB

シナリオBの投資ポートフォリオの収入

投資ポートフォリオ		$900,000
投資ポートフォリオの収益	6％	54,000
40万ドルの借入れの税引き後コスト	2％	(8,000)
投資ポートフォリオの純収入		$　46,000
Aと比較して追加的にもたらされる収入		**$　16,000**

収入はどうなるでしょう。

　表5－5の損益計算書に示されているように、ジェーンはこの場合、投資ポートフォリオから4万6,000ドルの純収入を取得しており、これはシナリオAよりも1万6,000ドル多い収入です。つまり、純資産を変えることなく、金利3％の住宅ローンを借りることによって、彼女は投資ポートフォリオからもたらされる収入を年間1万6,000ドル増やしたのです。それは3万ドルの50％超にあたります（もちろん、これはすべて6％の投資ポートフォリオ・リターンという仮定に基づきます）。また、住宅ローンを借りることによって、ジェーンは全体的に流動性を大幅に増やし、今では最高45万ドルまで有価証券担保ローンを利用できることにも注目してください。

　別の見方をすると、ジェーンは、シナリオAでは4万6,000ドルのリターンを生み出すために、自分の投資に対して9％超のリターンをあげなければなりませんが（50万ドル×9％＝4万5,000ドル）、シナリオBでは、ちょうど

６％の平均リターンで同じ結果を達成できるのです。９％のリターンをあて
にできそうな投資機会よりも、６％のリターンをあてにできそうな投資機会
がずっと多いことは明らかです。実際のところ、９％のリターンを目標とす
る投資は、より危険で、リスクが高く、全体的にボラティリティが高いのは
ほぼ間違いないでしょう。この点が私たちを下記の重要な原則に導きます。

　他の条件がすべて同じであれば、多くの場合、借入れを含むボラティ
リティの低い投資ポートフォリオは、借入れを含まないボラティリティ
の高い投資ポートフォリオよりも優れています。
　同様に、借入れを含まない投資ポートフォリオは、同じ結果を達成し
ようとすると、借入れを含む投資ポートフォリオよりも実際により大き
なリスクを抱える可能性があります[8]。

　ここでは、数学的な議論には立ち入らず、この原則が、現代ポートフォリ
オ理論および資本分配線として知られるものと完全に一致していて、また理
にかなっているとだけ言っておきましょう。言い換えれば、あなたが自分の
投資ポートフォリオから一定の収入を得ることが必要な場合、高利回りの投
資からその収入を得ようとすると、あなたのリスクは大きく高まる傾向があ
ります。なぜなら、そのような投資に伴うボラティリティを考えれば、投資
対象が下がる、大幅に下がる可能性があるからです。そして、複利効果とリ
ターンの順序の影響（最初に下落してから上昇するか、最初に上昇してから下落
するかによって大きな違いが生じます）を考慮すると、借入れを戦略的に活用
してより多くの資産を投資に回し、ボラティリティの少ない、低めの投資収
益を目標とする方が大幅に有利です。
　表５－６のように、２つのシナリオを並べて比較すると、シナリオＢが
ジェーンにとってより最適なシナリオであることが明らかになります。
　ジェーンについて、他に２つのシナリオを考えてみましょう。シナリオＣ
では、ジェーンは、住宅ローンを借りていませんが、有価証券担保ローンを
活かしながら、税金からバケーションまでさまざまな費用を支払い、差額を

表5-6　ジェーンのシナリオAとシナリオBの並列比較

現行——ジェーンのシナリオA　　　　最適——ジェーンのシナリオB

	資産	負債		資産	負債
不動産	$　500,000	—	不動産	$　500,000	400,000
投資ポートフォリオ	500,000	—	投資ポートフォリオ	900,000	—
総資産	1,000,000	—	総資産	1,400,000	400,000
純資産	$1,000,000	借入比率0%	純資産	$1,000,000	借入比率29%

収益見通し					
投資ポートフォリオの収益	6%	$30,000	投資ポートフォリオの収益	6%	$ 54,000
税引き後の借入コスト	2%	—	税引き後の借入コスト	2%	(8,000)
純収入		$30,000	純収入		$ 46,000
			シナリオAと比較して追加的にもたらされる収入		$ 16,000

貯金しています。彼女の公認会計士（CPA）は、有価証券担保ローンに適用される金利は所得控除の対象にならないと助言します。これは、住宅ローンを借りるよりも賢明な行動でしょうか。表5-7のバランスシートは、この場合のジェーンの資産状況を示しています。

　ここでも、彼女の投資ポートフォリオのリターンは6%と仮定します。そして、追加の25万ドルは比較的小さな有価証券担保ローンを利用しているので、彼女はその資金に対して4%の金利を請求されると仮定します。表5-8の損益計算書は、その場合の彼女の収入を示しています。

　ジェーンの収入は依然として、シナリオAと比較して年間で5,000ドル多い一方で、借入比率が20%（25万ドルを125万ドルで割る）のシナリオCは、借入比率が29%で理想的なシナリオBにはほど遠いことは明らかです。それは、なぜでしょうか。それは、ジェーンは投資ポートフォリオ構築のために

表5－7　バランスシート──ジェーンのシナリオC

シナリオCのバランスシート

資産		負債
不動産	$　500,000	──
投資ポートフォリオ	750,000	$250,000
合計	1,250,000	$250,000
純資産	$1,000,000	借入比率20%

表5－8　損益計算書──ジェーンのシナリオC

シナリオCの投資ポートフォリオの収入

投資ポートフォリオ		$750,000
投資ポートフォリオの収益	6%	45,000
25万ドルの借入れの税引き後コスト	4%	(10,000)
投資ポートフォリオの純収入		$ 35,000
Aと比較して追加的にもたらされる収入		$　5,000

より少ないお金を（追加的なレバレッジが小さくなります）、より高い金利
（3％に対して4％）で借りていて、また、有価証券担保ローンの借入れの金
利は所得控除の対象にならないことを考慮すると、彼女の税引き後の資本コ
ストは、シナリオBの2％に対して4％になるからです。

最適な借入比率を達成するためのキャッシュアウト・リファイナンス

　ここで私が、ジェーンが最適な借入比率を達成するためにキャッシュ
アウト・リファイナンス（訳注：住宅の価値に基づき、現在の住宅ローン
残高よりも多い借入れを行うこと）をすべきだと示唆していると思われる
かもしれません。これは行動ファイナンスの理論にも関係する複雑な事
柄です。戦略の成功は常に、スプレッドを獲得するあなたの能力に基づ

いています。したがって、数学的には、もしあなたが借入れを負わずに家を所有していて、スプレッドを獲得できる能力があると考えるのであれば、あなたは最適借入比率を達成するために住宅ローンの借入れを検討することができます。問題は、資金を一括で受け取るため、あなたの投資はその時点の市場リターンに大きく左右されることです。数学的には、これはもちろん、シナリオBのジェーンの現状と何も変わりはないのですが、心理的に異なります。あなたの心境は、家を所有することからスプレッドを獲得することに伴うリスクを負うことへと変わります。

　さらなる問題として、あなたが、たとえキャッシュアウト・リファイナンスをしたいと思っていても、当然、多くの金融機関はそれに難色を示し、それを禁じる金融機関もあります。私は多くの理由から、個人はキャッシュアウト・リファイナンスを行うよりも、将来の借入比率を視野に入れて、その達成に向かって努力する方がはるかに望ましいと考えます。それは、借入れを返済するのではなく、一貫した体系だった方法によって投資ポートフォリオを構築することによって達成されます。金融業界では、それをドル・コスト平均法と呼んでいます。

有価証券担保ローンの金利は所得控除されるか

　これは、なかなか良い質問ですが、残念ながらやや面倒な問題です。自分の状況に応じた正しい答えを出すためには、あなたの、税理士と密に協働する必要があります。一部の公認会計士（CPA）は、内国歳入庁（IRS）はトレーシング・ルール（訳注：NAFTA（北米自由貿易協定）における関税ルールのこと）を用いるため、控除されるかどうかは、資金の使途に左右されると述べています。例えば、資金が事業のために調達された場合、金利は控除が可能な事業経費とみなされる可能性があります。また、資金の使途を特定目的向け（訳注：原文は purpose facility）と分類できる場合、担保の金利として控除できるという意見と、この状

況においては控除できないという意見があります。

　ジェーンの最後のシナリオ、シナリオDを考えてみましょう。シナリオD
は、シナリオBとCの組合せです。表5 – 9に示されているように、ここで
は彼女は40万ドルの住宅ローンを借りて、投資ポートフォリオを90万ドルに
し、そして彼女のCPAが税引き後のコストが3％になると助言する有価証
券担保ローンを、投資ポートフォリオを担保として45万ドル分設定します。
これによって彼女の投資の合計額は135万ドルになります。その結果、彼女
の資産ベースは185万ドルと、はるかに大きくなります。もちろん、表5 –
9に示されているように、ジェーンの純資産は100万ドルのままです（185万
ドル－85万ドル＝100万ドル）。

　ジェーンの収入はどうなるでしょうか。表5 –10の損益計算書をみてくだ

表5 – 9　バランスシート――ジェーンのシナリオD
シナリオDのバランスシート

資産		負債
不動産	$　500,000	$400,000
投資ポートフォリオ	1,350,000	450,000
合計	1,850,000	$850,000
純資産	$1,000,000	借入比率46％

表5 –10　損益計算書――ジェーンのシナリオD
シナリオDの投資ポートフォリオの収入

投資ポートフォリオ		$1,350,000
投資ポートフォリオの収益	6％	81,000
40万ドルの借入れの税引き後コスト	2％	（8,000）
45万ドルの借入れの税引き後コスト	3％	（13,500）
投資ポートフォリオの純収入		$　59,500
Aと比較して追加的にもたらされる収入		$　29,500

さい。

　ここでは、ジェーンの投資ポートフォリオの純収入は5万9,500ドルと、シナリオAの3万ドルのほぼ2倍に達しています。ですが、そのバラ色の結果に関わらず、これはおそらく、ジェーンが採るべき行動として奨められないでしょう。どうしてでしょうか。思い出してください。シナリオBではジェーンの借入比率は29％と、理想的な25％を若干上回ってはいたものの、確実に15～35％の範囲内でした。そして、シナリオCでは、彼女の借入比率はわずか20％と、同じく範囲内でしたが、おそらくやや低めでした。

　ですが、この最後のシナリオDでは、ジェーンの借入対資産比率は、85万ドルを185万ドルで割ったおよそ46％です。私たちは、これまでずっと6％のリターンを仮定してきましたが、実際には、市場はそのようには動きません。本章の前半のスプレッドの獲得に関する部分の記述で示した表5－1の2007年、2008年、2009年の総合リターンを振り返ってみましょう。表5－11にあるように、もし彼女の投資が17％下落し、自宅の価値が10％下落した場合、彼女の純資産は30万ドルとおよそ30％減少します！

　さらに悪いことに、もし彼女の投資ポートフォリオの資産が適切に分散されていなかった場合、投資ポートフォリオの価値の例えば35％の下落という、はるかに悪い結果に直面していた可能性があります。表5－12は、彼女が高いレバレッジを用いていたために、54万4,000ドル、つまり54％の損失を負う可能性があったことを示しています。

表5－11　相場調整下で借入れが過多

相場調整下で借入れが過多

投資ポートフォリオ		$1,350,000
投資ポートフォリオの収益	−17％	(229,500)
50万ドルの家の価値の変化	−10％	(50,000)
40万ドルの借入れの税引き後コスト	2％	(8,000)
45万ドルの借入れの税引き後コスト	3％	(13,500)
投資ポートフォリオの変化（ネット）		**$ (301,000)**

表5-12 相場調整時に借入れが過多で、資産が分散されていない

相場調整下で借入れが過多で資産が分散されていない

投資ポートフォリオ		$1,350,000
投資ポートフォリオの収益	-35%	(472,500)
50万ドルの家の価値の変化	-10%	(50,000)
40万ドルの借入れの税引き後コスト	2%	(8,000)
45万ドルの借入れの税引き後コスト	3%	(13,500)
投資ポートフォリオの変化（ネット）		**$ (544,000)**

　シナリオDにおけるジェーンの借入れが大きすぎることに、疑う余地はありません。そのような借入比率は、ジェーンが重大な財務的困難に陥る実際の可能性を高め、それに伴う直接的かつ間接的なコストを増加させ、また、困難の期間を引き延ばして、悪影響のレベルを強めます。言い換えれば、シナリオDはいくつかの面では望ましいと思えるものの、実際にはリスクが高すぎるのです。

２つの重要な事項

1　３つのシナリオのすべてにおいて、ジェーンの純資産は一貫して100万ドルであることに注目してください。なぜでしょうか。それは、**お金の貸し借りによって純資産を変えることはできない**からです。

2　それぞれのシナリオにおいて、彼女の家の価値は変わりません。価値の変化があったとしたら、それぞれのシナリオに同一の影響を与えていたでしょう。資産の価値は、その資産の購入資金をどのように調達するかという問題から完全に独立しています。このトピックについては、次の章で詳しく述べます。

　以上のことはすべて、本書を通じて、何度も強調してきた中心的なポイン

トに遡ります。本章でこれまでに述べてきたことは単に、戦略的借入れの実践と哲学が引き起こす力学的原理のいくつかの例にすぎないのです。あなたが自分自身と家族のために正しいことをしていることを確実にするためには、これらの考え方を実際に実行に移す前に、必ず、知識が豊富で開かれた心を持っているファイナンシャル・アドバイザーに相談すべきです。そして、借入れを増やすことによって、あなたが新たなリスクを負う可能性があることを現実として受け入れるべきです。

あなたの投資戦略との整合性を図る

　知識は力です。そして戦略的借入哲学とその実践に関する知識は、あなたが４つの借入利用の強み（より高い流動性、柔軟性、レバレッジ、持続可能性）を意識的に活用することを可能にします。それはとても良いことです。ですが、本書で述べている考え方や実践はいかなる場合にも、あなた自身のためには、**あなたの全体的で合理的な投資戦略を踏まえて**利用されなければなりません。言い換えれば、戦略的借入哲学とその実践は、長い目でみて、あなたの財務的な健全性に大きく貢献することができますが、それらは、周到に考え抜かれたファイナンシャル・プランと投資戦略を踏まえて利用することが重要です。つまり、戦略的借入哲学とその実践を構成する考え方は、いずれも重要かつ実用的で、あなたの人生に大きな変化をもたらす可能性がある一方で、あなたの資産と投資の状況全体を考慮せずに、それらを実行に移すべきではないのです。

　この点については、「補論Ｃ」（「保証はない──狂気の世界における投資リスクの抑制」）の内容を参考にしてください。そこでは、あなたは、資産配分について長期的なゴールベースのアプローチを採るばかりでなく、攻めと守りの両方を行うべきであると示唆されています。つまり、あなたは、自分の口座が適切なものであることを確認し、投資について世界に中立的な見方を持ち（投資機会は世界中にあるためです）、自分の投資ポートフォリオについ

てさまざまな経済シナリオに基づくストレステストを行い、必要な時にすぐに流動性の高い現金を用意できることの重要性を軽視してはならないということです。これらの点について詳細を述べることは本書の守備範囲をはるかに超えますが、少なくともあなたは、あなたの希望や夢、ゴールが何かを知り、あなたがそれらを達成することをいかにして助けることができるかについて説得力のある論拠を持つ誰かと一緒に取り組むべきです。

あなたは将来の準備ができていますか？

次の30年はこれまでの30年と同じであるはずはなく、そうなりません[9]。

多くのファイナンシャル・アドバイザーやプライベート・バンカーは、次の30年がこれまでの30年とほぼ同じであるかのように、顧客に対して助言を与えますが、それは絶対に真実ではなく真実であるはずがありません。代わりに、3つの異なる期間を想定してみるのが良いでしょう。

1 　過去30年
2 　今日（現在）
3 　今後30年

これらの期間はそれぞれにただ一つしかなくて、過去の期間のデータが繰り返すことはほとんどなく、むしろ多くの場合、今後30年の間に反対方向に動く可能性があると仮定しましょう。

例えば、1980年から2013年までの30年余の間に、

・金利は非常に高い水準から非常に低い水準へと推移し
・インフレは非常に高い水準から低い水準へと推移し
・米国政府の債務は低い水準から非常に高い水準に推移しました

こうした種類のマクロ経済の変化は、繰り返される可能性が非常に低い、あるいは絶対に繰り返し起こりえないものです。例えば、政府が銀行に請求する金利であるFFレート（訳注：フェデラル・ファンド・レート。米国におけるFRS（連邦準備制度）の加盟銀行が互いに短期資金をやりとりする市場で成立する金利のこと。）は、ゼロ、あるいはゼロに近いため、金利はこれ以上下がる余地はほとんどありません。金利はそのうち上昇する、あるいはたぶん大幅に上昇する可能性が十分にあるのです。金利がさらに若干低下するかどうかに関わらず、金利が10％台半ばから２％（そしてそれ以下）水準に下がるという大きな経済現象が繰り返し起こりえないことは明らかです。

　残念ながら、多くの投資家は過去30年の経験に基づいて投資決定を行う傾向があります。歴史は情報としては有用で、一般的な方向性や傾向を示すことができますが、リスクに対応する際には、まずそうしたデータセットを基本的に放棄し（あるいはそれを多くのデータセットの一つとみなし）た方が良いのです。将来が果たしてどうなるか、あるいはそれ以上に重要なこととして、今何をすべきかを見極めようとする時には、むしろあらゆる選択肢とシナリオを広範に考慮すべきです。

　最も重要なことは、私たちは今日、これまでと全く違った時代にいるということを認識することです。もし、あなたが米国、日本、欧州あるいは中国の投資家であれば、あなたの出発点は過去と同一ではありませんし、同一ではありえません。だからこそ、過去のデータは、慎重に扱う必要があるのです。また今後の30年は、起こりうる内因的リスクや私たちが考えもしなかった外因的リスクやショックの両方に満ちている可能性がとても高いのです。実際のところ、歴史から学べる最も重要な教訓は、たぶん物事は、そうでなくなるまで同じ形のままでいるということです。その変化は、しばしば目がくらむほどの速度で起こり、驚くべき影響をもたらします。そして、私たち（国家の指導者たちも含めて）の制御が効かない時がいつか来ます。

　例えば、私たちは多分に、金利が上昇し、GDP（国民総生産）が低下

し、株価が下落し、住宅価格が下落するといった環境に置かれる可能性があります。また、私たちは、米国政府の財政の長期にわたる破滅的な失敗、ひいては米国政府自体の破綻に直面する可能性すらあります。

　今後、私たちが大きな課題に直面すること、私たち一人ひとりが、はるかに広範囲にわたる結果に備えておく必要があることは、確実に明らかです。それは、あなたが自分の借入れのコストよりも高いリターンの獲得を試みることに関心を持っている場合、なおさらです。私自身いつも本の補論を全部読んでいるわけではありませんが、あなたには、「補論C」を読んで次の点をよく理解することを勧めます。

・変化は、突然起こる。物事は、そうでなくなるまで同じ形のままでいる。
・本質的に、私たちは、本当に外因的な（外からの）リスクについて、みる、予期する、知る、あるいはそれについて効果的な計画を立てるといったことはできません。私たちは知らないことを知ることはないし、実際知りえないことを知りえることもできません。
・（例えば、前に挙げた国々における）現状の変化は、自分が物事を制御できると思っていた者たちが望んだものではありません。別の言い方をすれば、世界の国々において、変化の阻止を担う者の努力にも関わらず、大きな変化は起こり続けるでしょう。そして、米国の政治、経済、社会制度に重大な変化が起こらない確実な保証はどこにもありません。

◆ 第5章のまとめとチェックリスト

　本章では、長期的な資産の拡大のために**スプレッドを獲得する**という考え方について詳しく考えてみました。基本的に、スプレッドの獲得は、お金を借りて、その借りたお金を投資するという行動を伴います。その目標は、借入れのコストよりも高いリターンを獲得することです。大多数の人は何らか

の借入れを行っていて、したがって、スプレッドの獲得を試みています。本章の目標は、それをいかにして可能な限り最も戦略的な方法で行うかを探求することです。これは本質的にリスクを伴う戦略なので、あなたは実行する前にそれらのリスクを十分に認識すべきです。

お金を借り、そしてプラスのスプレッドの獲得を試みるかどうかを決定する際に考慮すべき重要な要素には、期間（長ければ長いほど、あなたが成功する可能性が高まる）、借入れの担保となる資産基盤、請求される金利、あなたが最適な借入比率を達成し維持する段階のどこにいるか、といったことがあります。

最後に、スプレッドの獲得に関するあらゆる活動を、あなたの全体的な投資戦略や投資ポートフォリオの案と整合的なものにすることの重要性について考えてみました。私たちは、他の条件がすべて同じである場合、借入れを伴うボラティリティが低めな投資ポートフォリオは、借入れを伴わないボラティリティが高めな投資ポートフォリオよりも優れていることを証明しました。この概念は、あなたの全体的な投資戦略に多大な影響を及ぼすものであるため、あなたのアドバイザーと詳細を話し合うべきです[10]。

チェックリスト

☐ あなたは、スプレッドの獲得という行動の背景にある基本的な概念をよく理解していますか？

☐ あなたは、スプレッドの獲得は常に何らかのリスクを伴い、プラスのスプレッドを獲得できる保証はなく、むしろ実際に投資で損を出せばマイナスのスプレッドを獲得しうるということを理解していますか？

☐ 期間、資産基盤、借入れのコストという3つの主要な概念と自分が理想的な借入比率を維持する段階のどこにいるかということの意味を理解し納得できますか？

☐ この章で示した4つのシナリオは、スプレッドを獲得するためのさまざまな方法が実際には可能であることをあなたに示すことに成功しましたか？

☐ あなたは、他の条件がすべて同じである時、一定の借入れを伴うボラ
ティリティが低めな投資ポートフォリオの方が、借入れを伴わないボラ
ティリティが高めな投資ポートフォリオよりも優れているという、数学
の論理を理解できますか？

☐ あなたは、なぜ、スプレッドの獲得に関わるあらゆる活動を自分の投資
戦略や長期的なファイナンシャル・プランと整合的なものにすることが
とても重要なのかよく理解していますか？

注

1. 今後、借入コストと言った場合、本段落のとおり、すべての税効果と取引コ
ストを考慮した借入れに関するコストを指します。

2. Stephen A. Ross, Randolph Westerfield, and Jeffrey Jaffe, *Corporate Finance*,
10th ed. (New York: McGraw-Hill, 2013) の第18章に詳しい説明があります。
　　企業がスプレッドを獲得する方法は「レバレッジがある企業の評価と資本
配分」で説明されています。企業は同時に多数のプロジェクトに投資をする
ことが多いということに注目することは重要です。企業は複数のプロジェク
トに投資したいと考えているものの、リスクを負っていること、また、個々
のすべての投資においてスプレッドを獲得することはできないであろうとい
うことを認識しています。成功する投資プロジェクトもあれば、失敗する投
資プロジェクトもあるでしょう。
　　また、Zvi Bodie, Alex Kane, Alan Marcus, *Investments*, 9th ed. (New
York: McGraw-Hill, 2011), 12.1「投資の行動学的な批評」と第19章も参照し
てください。

3. Ross, Westerfield, Jaffe, *Corporate Finance* の第7部「短期財務」に、これに
ついての詳細な説明があります。

4. Bodie, Kane, and Marcus, *Investments*, の第6章および第7章。
Harry Markowitz, "Portfolio Selection," *Journal of Finance*, March 1952.

5. http://research.stlouisfed.org/publications/regional/10/07/treasury_
securities.pdf,
www.standardandpoors.com/indices/sp-500/en/us/?indexId=spusa-500-
usduf--p-us-l--

6. リターンはすべて仮定であり、特定の証券、商品、または投資戦略のパフォー
マンスを表すことを意図したものではありません。ここに示したケース・ス
タディは、教育および説明のみを目的としており、将来のパフォーマンスを
示すものではありません。過去のパフォーマンスは将来の結果を保証するも

のではありません。投資戦略、商品、サービスがすべての投資家に適すると
は限りません。顧客はファイナンシャル・アドバイザーとともに、特定の商
品あるいはサービスに関する契約条件およびリスクを検討すべきです。ここ
で提供された情報も述べられた意見も、何らかの証券の購入の勧誘には該当
しません。

7．このトピックに関する詳しい説明については、Bodie, Kane, and Marcus, *Investments* の第23章と第25章「ポートフォリオ管理の応用：国際分散投資」を
参照してください。

8．Bodie, Kane, and Marcus, *Investments*, 第 7 章。

9．過去30年、現在、そして次の30年という 3 つの異なる期間があるという考え
方は、ブラックロックのフィックストインカム担当チーフ・インベストメン
ト・ストラテジストであるジェフリー・ローゼンバーグ氏が2012年秋の
Barron's Top 100 Conference で行ったプレゼンテーションがヒントになって
います。また、この節で示した見解の一部は、デビッド・ワッセル、ルイジ・
ジンガレス、エド・ラジアー、マーティン・フェルドシュタインの各氏によ
る2012年秋と2013年冬の講演の影響を受けています。その詳細については以
下をご覧ください。

www.imf.org/external/pubs/ft/weo/2012/02/pdf/c3.pdf;http://blog-
imfdirect.imf.org/2013/01/23/we-may-have-avoided-the-cliffs-face-but-we-still-
face-high mountains;www.imf.org/external/pubs/ft/GFSR/index.htm;www.
whitehouse.gov/omb/budget;www.treasurydirect.gov/govt/reports/pd/
feddebt/feddebt_ann2012.pdf; http://cbo.gov/sites/default/files/cbofiles/
attachments/43907-BudgetOutlook.pdf; http://online.wsj.com/article/SB1000
14241278873233532045781273740 39087636.html

10．本章の内容は、他の章と独立したものではなく、本書全体の一部として、全
体的に考慮されるべきものであり、独立の内容と考えられるべきではありま
せん。これには、本書の至るところで示されている免責事項と、紹介してい
る考え方に関するリスクについての議論が含まれますが、これらに限定され
るものではありません。本書の内容は、あなた自身の状況、リスク許容度お
よびゴールに基づき、アドバイザーとの間で、さまざまな考え方のリスクと
潜在的な恩恵についての思慮深い議論と会話をすることを促すためのもので
す。

第6章

あなたが必要とし、また欲している高価なものに関する全体的なファイナンス

より良い購入の方法
——全体的にファイナンスを考える人として

　愛情はお金では買えないと言われますが、それ以外の実に多くのものを買うために、お金が必要なことは間違いありません。その中には次のものが（必ずしもこれらだけに限りませんが）含まれます。

・食料、住居、衣類、薬などの生活必需品。
・電化製品や自動車などの耐久消費財や資産。
・新しい屋根や新しいキッチンなどの住居の大きな改修。
・高級車やボート、宝石、絵画、骨董品、珍しい硬貨等の収集品などのぜいたく品。
・別荘やセカンドハウスなどを含む不動産。

　第1章で用いた「**企業ならどうするか**」の比喩を少し思い起こして、企業が従業員全員のために新しい机を購入する必要がある時、何が起こるかについて考えてみてください。企業のCFOが最寄りの銀行まで通りを歩いていって、「机の購入についてファイナンスの選択肢を提示してください」と聞き、その銀行がその時点で提示してくれる言いなりの金利で融資を受けることを受け入れるでしょうか。もちろん、そうしません！

代わりにCFOは、自社のバランスシート（資産と負債）の全体をみて、そして利用が可能なあらゆるファイナンスの選択肢の長所と短所をすべて考慮します。CFOは、机を購入するために必要な資金を調達する最善の方法を探したいと考えます。つまり、企業の目的を達成する最も低い資本コストを探すのです。それは全体的かつ実利的なアプローチであり、長い目でみて企業にとって何が最善かという視点から、利用が可能なあらゆる融資やファイナンスの選択肢を考慮することです。

ある程度の資産基盤や財力を持つ個人または家族であれば、企業と同じアプローチを採りたくない理由がどこかにあるでしょうか。第1章で述べたように、個人や家族は企業ではないため、究極的に企業とは大きく異なる性質の目標を持っていることは事実かもしれませんが、高価な物品を購入する時を含めて、自分のお金をできるだけ賢く使うようにしないというのは、決して美徳ではありません。

そこで本章では、あなたが何かを購入したい時、特に高価なものを購入したい時に、利用可能な選択肢について検討します。まず4つの基本原則を検討し、次に、あなたがボートや車やダイヤの指輪やセカンドハウス（居住用住宅でも構いません）を購入する方法を説明する具体的なシナリオを考えてみましょう。念頭に置くべき最も重要なことは、高価なものを買うために、戦略的借入れの原則にしたがい、戦略的借入れの実践を行うことにより借入利用の強みを継続的に活用し、利用が可能なさまざまな種類の借入手段を効果的に利用し、それらの結果として最終的に厳しい財務的困難に直面する可能性を軽減できる（または、財務的困難に直面しても、その直接的および間接的なコストや厳しさの程度、期間をすべて最小限に留める）ということです。

欲しいものを購入する際のファイナンスの4つの原則

高価なものを購入するためのファイナンスの方法を検討する時、あなたは4つの原則を念頭に置くべきです。それらは、

1　ものの価値は、それを購入するためのファイナンスとは100％無関係である。

2　分割償還は、鼻持ちならない！

3　融資の固定金利は一種の保険のようなもの。すべての保険と同様に、そのコストを明らかにしたうえで、保険がもたらす価値と保険なしで自ら備える能力を比較する必要がある。

4　購入する前に、全体的な資産管理の理論を信じ、戦略的借入れと最適な借入比率の概念を理解している有能なファイナンシャル・アドバイザーを探す。

　第1の原則は、**あるものを購入するためにあなたが用いるファイナンスの種類とそのものの価値の関係に関わることです**。さて、あなたが最新型のBMWを所有していると仮定します。その車の価値（車の実際の値打ち）は、あなたが貯金を下ろして現金で購入したとしても、有価証券担保ローンから資金を調達したとしても、車の購入のために銀行の融資を受けたとしても、変わりありません。言い方を変えれば、ものを購入するために用いられたファイナンスの手法は、それがどんな手法だとしても、そのものの価値とは100％無関係です。

　資産の価値は、その資産に関わるファイナンスとは100％無関係です。

　もしあなたが私の家を買いたい場合、あなたは私の住宅ローンの額や条件について質問しないでしょう。同様に、もし私が私の車を売りにいった場合に、購入を検討している相手は、私がその車をローンを組んで買ったかどうかには関心がないでしょう。

　あなたが資産を売却する時に受け取る価値は、その資産に対して融資が組まれていたかどうかとは全く関係がありません。

　この点についてのもう一つの考え方は、次の質問に関するものです。もし

あなたが今日自動車ローンを借りていて、そしてそのローンを明日返済した場合、あなたの車の価値は変わるでしょうか。その答えは、もちろん、変わらないです。車は、今日も昨日と全く同じ価値です（1日分の減価償却費用が車の価値から差し引かれることにより、価値がほんのわずかに下がるかもしれないという点を除いては）。同様に、あなたの家（あるいはセカンドハウス、別荘、ルネッサンス時代の絵画、珍しい硬貨のコレクション）の価値は、それを購入するためのファイナンス手法とは無関係に上昇、または下落します。ファイナンスの種類とものの価値の関係を絶つことは、私たちが、利用可能なさまざまなファイナンスについて、より良く（より全体的に、より創造的に）考えることを可能にする重要な根本原則です。

　第2の原則は、率直に一言で言えば、**分割償還は鼻持ちならない！** ということです。分割償還は、借り手がローンの一部を長期にわたって返済することを義務付けます。このどこが問題なのでしょうか。分割償還を条件とするローンを借りると、あなたは、自分の人生で他に何が起ころうと、（金利と元本返済を含めて）**月々決まった最低額**を返済しなければなりません。これは、借入利用の強みである柔軟性の向上とは全く正反対であるばかりか、あなたが最も流動性を必要としているかもしれないその時に流動性を**低下**させます。分割償還を条件とするローンは、全額が返済されるまであなたを拘束し、資本を固定資産にしばりつけ、あなたの貯蓄を減らします。だからこそ、あなたは、こうしたローンをできる限り避けるべきです。減価償却資産（年々価値が下がる必然性のあるもの）とみなされる資産でさえ、金利返済だけの借入れでファイナンスすることは可能です。そのような減価償却資産を、分割償還のスケジュールと結びつけて考える必要はありません。

　米国で上場されているすべての社債は100%、金利のみを支払う形で発行されています[1]。

　企業がどのように考えて行動するかを少し思い起こし、分割償還を条件とする社債、つまり毎月金利と元本の一部が払い戻される社債を購入したこと

があるかどうか、考えてみてください。答えは、ない、です。あなたはそのような債券を購入したことはないはずです。なぜなら米国の社債は100％、金利のみを支払う形で発行されるからです（元本は債券の早期償還日もしくは満期日に支払われます）。もし私が、ゼネラル・エレクトリック、ウォルマートまたは IBM の債券を購入した場合、私は6カ月ごとに金利を受け取ることになりますが、元本は満期まで受け取ることはありません。

　では、企業が金利のみを支払う、分割償還を条件としない債券のみを発行しているのなら、なぜ個人は、自動車ローン、ボート・ローン、住宅ローンなどについて分割償還の条件を受け入れるのでしょうか[2]。ほとんどの人に広く普及した借入れに対する反射的な嫌悪感を思い起こすと、おそらく分割償還を条件とするローンを受け入れるのは、それが最終的に借入れをなくすためのより速く、確実な方法だと考えられているためではないでしょうか。ですが、どの企業の CFO も、どうしてもそうせざるをえない場合でない限り、分割償還の条件を受け入れません。なぜなら、**あなたの人生で他に何が起こっていようと毎月一定の額を返済することに合意すること**によって、あなたが財務的困難に直面するリスクが高まり、そのコスト（直接的および間接的）、期間、そして影響のレベルが高まるからです。

　考えてみてください。分割償還を条件とするローンを借りた場合、あなたはあなたの置かれた状況の良し悪しに関わらず、**何としてでも**毎月同じ額の支払いを義務付けられます。もしあなたが、分割償還を条件としないファイナンスの方法で高価なものを購入した場合、状況が悪化した時には返済額を減らす、または返済しないことが可能です。一方で、もし多額のボーナスが入った時には、ローンの残高の一部、ほとんど、または全額を返済することも可能です（もちろん、あなたが最適な借入比率のどの段階にいるかを考慮したうえでの判断になります）。

> 分割償還のスケジュールは、状況が良い時にも悪い時にも、あなたの柔軟性を低下させます。悪い時こそ柔軟性を最も必要とするのにです。

この点はとても重要なので、簡単な例を使ってもう一度説明します。あなたは、金利4％で15年間にわたる分割償還を条件とする50万ドルの住宅ローンを借りているとします。あなたの月々の支払いは、およそ3,700ドルになります。もしあなたが、25万ドルを返済しても、翌月の支払いの額は、なんと全く同額です！　もしあなたが失業した場合、どうなるでしょうか。あなたの翌月の支払いは依然として3,700ドルで、あなたはそれを変えることはできません。

　要するに、あなたはできる限り分割償還を避けるべきです。それは、民間で一般に幅広く提供されている、銀行が提供するローンやファイナンスの選択肢の多くを、できる限り避けることを意味します。

私がみた、ある人のファイナンスに関する最悪の決定

　おそらく、私がみた中で、個人が下したファイナンスをめぐる最悪の決定の一つは、15年間の分割償還を条件とするローンで別荘を購入するという決定です。外部の第三者として、私が唖然としたのは、その購入価格ではなく、彼女が分割償還を条件とするローンを選んだと聞いた時でした。

　彼女は高額所得の重役で、一見、非の打ち所がない経歴の持ち主でした。ところが、こともあろうか、彼女は約2週間後に会社の組織再編によって失業してしまい、突然、彼女の自宅と別荘の両方の支払いのための資金が必要になりました。

　支払いはとても高額だったため、彼女は別荘の支払いのために多数の資産の売却を強いられ、そのために、財務的負荷の直接的および間接的コストの上昇を含む、厳しい財務的困難に陥りました。そしてあいにく、彼女は市場が低迷している時に資産の売却を強いられました。

　所得が高い人は、2台目の車やセカンドハウスなどの高価なものを、分割償還を条件とするファイナンスの方法によって購入しがちですが、

それを後でひどく後悔することになることが意外と多いものです。

　多くの人は「ちょっと待ってくれ。車を金利だけ支払うローンで購入すべきだと言うのか。でも、車は時が経つと価値が**下がる**」と言うかもしれません。ここに、原則１と原則２の接点があります。ある資産の価値が下がるというだけで、それを分割償還付きの借入れにする必要があるわけではありません。また、金利のみを支払うローンを借りていれば、自分の希望にしたがって、いつでも、いくらでも元本を返済できます。この点について、CFO の視点から考えてみてください。企業は、価値が低下する資産を所有しているでしょうか。もちろんです！　ある大企業が例えば10年間利用できる５万台の机を所有している場合、その企業は10年にわたる分割償還を条件とする「机債券」を発行したりはしません。企業は、時が経つと一部の資産は価値が高まり、一部の資産は価値が低下することを知ったうえで、バランスシート全体をみて債券を発行します。

　第３の原則は、**金利が固定されたローンは一種の保険である**ということです。保険がすべてそうであるように、あなたは、保険のコストを定量的に把握し、保険がもたらす潜在的なメリットやあなたが自ら備える能力と比較検討する必要があります。固定金利は、将来的に金利が上昇するリスクに対する保険のようなものです。特に、金利が急速に上昇中の環境においては、固定金利による借入れには明らかに多くの利点があります。あなたの個人的な状況、世界経済に対するあなたの見方、あるいは現在の金利環境によっては、そうした保険を購入することは悪くないかもしれません。それどころか、最も賢明なことかもしれません！　とは言え、あなたは常に、そうした保険の購入に伴う追加的なコストと自ら金利上昇のリスクに備える能力を比較検討すべきです。ほとんどの時（すべてではありません）において、変動金利型（つまり固定されていない）ローンはいつでも資本コストが最も低い傾向があるため、なおさら考慮が必要です。

選択を誤る

　私はたびたび、変動金利の借入れのリスクを負うことができる個人
が、固定金利の借入れに固執し、固定金利の借入れを選ぶべき個人が、
変動金利の借入れを選ぶことをみかけます。

　金利変動のリスクを自ら負う余裕のある人は変動金利の借入れを選ば
ず、そうした余裕のない人に限って変動金利の借入れを選ぶ。

　もしあなたが、金利水準の観点から変動金利の借入れを選択する場
合、必ず、その金利変動リスクに何らかの形で保険をかけてください。
変動金利の借入れは、容易に、あなたの財務的困難のリスクとコストを
高める可能性があります。

　本書で述べてきた多くのことと同様に、人は自分の状況に最適なもの
とは正反対のものを選びやすいものなのです。

　私たちの多くは、住宅ローンの金利が上がらないことを知ることによる安
心感が欲しいために、固定金利の住宅ローンを選びます。そのため、別荘を
購入する際に、２％の金利のみを支払うLIBOR連動の変動金利ローンと
５％の固定金利の30年ローンのいずれかを選ぶとすれば、あなたは金利の変
動を心配しなくて済む５％のローンを選ぶかもしれません。２つの金利の違
いは３％（５％－２％＝３％）です。その別荘が100万ドルの物件である場
合、差額は、税引き前で年間３万ドルになります。

　要するに、それは金利の上昇に備えた保険の一種です。ですが、年間３万
ドルというのは、かなり高い保険です！　このような「保険プレミアム」を
支払う代わりに、もしあなたが２％の金利のみを支払うLIBOR連動の変動
金利の住宅ローンを選べば、あなたは、実質的に自らが保険をかけることに
よってその保険のプレミアムを節約することができます[3]。その場合、あな
たは自分の支払いを管理する立場になっています。そして、金利が急に上昇
するだろうと思う時が来れば、住宅ローンを返済もしくは借り換えることが

できます（もちろん、その時点の一般的な金利なので、借換えローンの金利はより高い可能性があります）。長い目でみて、あなたは、かなりの節約ができる可能性があります。特にあなたが30年のローン期間の中の早い時点でその物件を売却することになれば、なおさらです（多くの不動産エージェントによれば、ある個人が一つの物件を保有する期間は、平均でわずか7年程度だということです）。

このシナリオをストレステストしてみましょう。あなたが変動金利を選び、そして金利が2％から3％に上昇した場合、あなたは依然として有利です。もし金利が4％に上昇しても、あなたは引き続き有利です。5％まで上昇すると、行動の合図です。金利が固定金利の水準より高くなるまで、あなたは優位を保つことができます。そして、金利が固定金利より高くなった時点であなたは行動を起こし、ローンを返済することができます。もしあなたが、本書に述べたすべての考え方を受け入れ（それらの考え方は、すべてを一体として考えるべきであることを覚えておくことが重要です）、ほぼ25％の借入比率を維持すれば、あなたが好きな時に変動金利の借入れを返済できることは極めて明らかなことを心に留めておいてください。

最後の原則は（これはまあ高次元の原則あるいは大局的な原則みたいなものです）、**ファイナンシャル・アドバイザーの大多数**は、いかに賢く献身的で、思いやりがある人であっても、戦略的借入哲学と戦略的借入れの実践を全く認識していません。それは彼らが、**高価なものを購入するに際して、あなたに多様な優れた選択肢があるかもしれないことに気付いていない**ことを意味します。あなたは、富裕な個人や家族のために戦略的借入れの意義を理解し、推薦するアドバイザーを見つけなければなりません。

企業ならどうするか？

これまでに述べた他の考え方と同様に、目標は、固定金利の借入れについても変動金利の借入れについても、そのどちらが良いまたは**悪い**という表現を排除することです。どちらにも長所と短所があります。本書

で取り上げているあらゆる事柄と同様に、それぞれの相対的なメリットは、あなた個人の状況に基づいて考慮すべきです。企業はそれを認識して、しばしば固定金利と変動金利の両方の借入れを組み合わせて使います。あなたも同じようにしてみてはどうでしょうか！

自宅は別の扱いをすべきでしょうか

　第3章で、借入比率の計算に含めるかどうかを決める時に、自宅については別の扱いをすべきかもしれないと述べたことを思い出してください。同様に、一部の人にとっては、自宅について固定金利の住宅ローンを借りることは、重要な、感情に根差した価値観であり、それについて言い争うことはできませんし、言い争うべきではありません。それらの人たちは、固定金利の住宅ローンは財務的困難に陥るリスクとコストを軽減すると思っているかもしれません。

　自宅についてのあなたの見方に関わらず、セカンドハウス購入のファイナンスを検討する際には、変動金利による借入れと自らリスクを取る自己保険という概念を、慎重に分析することが重要です。それによって少なくとも、金利上昇局面であなたの資産と負債のポートフォリオが、どのような影響を受ける可能性があるかがわかるはずです。

　理想的な借入比率の概念を知らない人。ファイナンスの方法は、ファイナンスの対象となるものの価値とは100％無関係であるという事実を考慮したことがない人。分割償還が鼻持ちならないものであり、固定金利は多くの場合コストが高く不必要な保険にすぎないことに気付いていない人。こうした人々はあなたに最善の助言を与えることはできません。そこで、もしあなたのアドバイザーが、これらの考え方のすべてを熟知していない場合、あなた自身がこうしたさまざまな考え方を取り上げて、購入したいものを最善のファイナンスの方法で購入できるようにすることを考えてください。そして、あなたのファイナンシャル・アドバイザーまたはプライベート・バン

カーが、そうした考え方を前向きに受け入れて考慮しないのであれば、あなたは別のアドバイザーを見つける方が良いかもしれません。

車（または、それ以外のほぼ何でも）を購入するより良い方法

シニア・アソシエイトの弁護士として働くサムが、値段がおよそ7万5,000ドルの素敵なBMWコンバーティブルに目を付けたとしましょう。サムは今年高い実績をあげ、高額のボーナスを受け取ったばかりです。彼が今乗っている車は廃車寸前で、彼は以前からずっとコンバーティブルが欲しかったのです。

サムの最初の発想は、銀行に行き、4年間の分割償還の条件が付いた6％の金利のローンを借りることです。この場合、毎月の返済額はおよそ1,761ドルです。3年後、彼は車のローンをまだおよそ2万500ドル抱えています。一方で、サムが利用できるかもしれない他のいくつかの選択肢について考えてみましょう。一つの方法は、税引き後のボーナスのほとんどを使って、車の頭金として3万5,000ドルを支払い、そして残りの金額（4万ドル）については有価証券担保ローンを活用して小切手を切ることです。彼が有価証券担保ローンを用いた時のコストが3％だと仮定すると、サムは月々およそ1,761ドルを支払う代わりに、年間およそ1,200ドル、または毎月100ドルの金利を支払うことになります（4万ドル×3％＝1,200ドル/12＝月100ドル）。しかも、申込書に記入したり、手数料を支払ったり、信用審査を受けたりする必要はありません。

毎月1,761ドルの支払いと毎月100ドルの支払いを比較することは、前者には元本返済が含まれているため、厳密には同等のものを比較していることにはなりませんが、毎月の支払いが100ドルだけであることによって、どれだけの柔軟性が生まれるかを理解することがとても重要です。しかも、もしあなたがそうしたくなければ、毎月金利を支払う必要すらないかもしれないことを覚えておいてください！（あなたの取引金融機関があなたの有価証券担保

ローンに、このような柔軟性を与えているか必ず確認してください）。サムは有価証券担保ローンをいつでも返済できることから、彼は自分の人生にこのような柔軟性を持たせることができ、それによって財務的困難に直面するリスクとコストが軽減できます。

　もう一つの選択肢は、サムがボーナスの中から４万ドルを彼の投資ポートフォリオ（有価証券担保ローンから借りられる総額が増える可能性があります）に投じ、証券担保ローンを活用して小切手を切って７万5,000ドルを全額支払うことです。金利が３％だとすると、彼の支払金利は年間およそ2,250ドル、すなわち月におよそ188ドルです。ですが、分割償還を条件とするローンと異なり、ほとんどの有価証券担保ローンの場合、引出上限に近づかない限り、支払いの準備ができるまで、毎月の金利188ドルも元本も支払う必要は実際にはありません。サムが、引き続き好調な実績をあげ、彼の全体としての借入比率が望ましい、例えば20〜30％の範囲に留まっていれば、彼にとって、車を購入するために使ったお金を返済するのはしばらく、あるいはずっと合理的ではないかもしれません。この点については、本書の結論で改めて述べます。ここでカギとなるのは、銀行ではなくサムが、完全に支払いのスケジュールを管理し、自分の資本を一切、減価償却資産に投じていないことです。

　それでは他に、もっと良い選択肢があるでしょうか。そう、もしサムがホーム・エクイティ・ローンを借りることができたら、その借入れはさらに所得控除の対象となるかもしれません。すなわち、もし彼が７万5,000ドルのホーム・エクイティ・ローンを３％で借りることができて、課税区分がおよそ33％だとしたら、その借入れの実質的なコストは２％となります。この場合、借入れに対して毎月125ドルの金利を支払うことになります。分割償還も申込手数料も不要で、彼の全体的な借入比率が理想的な範囲に留まっている限り、急いで返済する必要はありません。もし彼が銀行に行っていたとしたら、彼の毎月の支払いは1,761ドルであったこと（しかも彼は、支払いの時期をコントロールできません）と比べてみてください。

ホーム・エクイティ・ローンか有価証券担保ローンか

　私はよく「ホーム・エクイティ・ローンにすべきでしょうか、それとも有価証券担保ローンにすべきでしょうか？」という質問を受けます。その答えは両方を使えるようにしておくべきだということです！ それぞれ利点と欠点があります。ホーム・エクイティ・ローンは優れたツールで、その利点は明らかです（追加的な与信枠と所得控除の可能性です。ですが所得控除は、控除分が代替最小限税（訳注：米国における高所得者の過度な節税を抑制する税制）に追加されるため、要注意です）。一方で、もし引越しが必要になった場合、あなたはホーム・エクイティ・ローンにアクセスできなくなる可能性があります。また、銀行は従来、借り手が資金難に陥った時（人が資金を最も必要としているまさにその時）に、与信額を下げたり、与信を取り消したりしてきました。多くの富裕層の個人にとって、ホーム・エクイティ・ローンは、ある程度の柔軟性を与えてはくれますが、本書で述べた考え方の多くを実践するためにはとても十分とは言えません。

　これらの考え方は、他の多くの種類の資産にも同様に適用できます。例えば、仮にあなたがレストランに出資をすることに関心があるとします。さて、いわゆるレストラン・ローン（訳注：米国において、レストランを開業する際に利用できるローンのこと）は、ボート・ローンと同じように、ほとんどの場合、非常に好ましくありません。コストが高く、返済期間が短く、資産価値に対する借入額の比率が低く、柔軟性がありません。代わりに、もしあなたが有価証券担保ローンを使えば、より有利な金利と条件で資金を借り入れることが可能であり、ローンの大部分をいつ返済しなければならないかを心配せずに済みます。

　または、仮にあなたが馬を買いたいとします。血統の良い競走馬を買う場合、必要な馬具すべてを入れると、コストは軽く２万〜５万ドル、あるいは

それ以上になります。競走馬の乗り手のほとんどは、与えられた馬を3〜4年しか乗りません。さて、馬のファイナンスとはどのようなものでしょうか。馬の分割償還は何年にするでしょうか。もしあなたが有価証券担保ローンを使って馬を買い、馬の価格が5万ドルで、3%の金利を支払うと仮定すれば、支払いは年間およそ1,500ドルになります。もちろん、馬の価値は上下しますが、ここでもまた、もの（血統書付きの動物を含めて）の価値は、そのためのファイナンスの方法とは無関係です。

有価証券担保ローンは、以下のものについて、より良いファイナンスのツールです

- 車（普通、高級、超高級／外車、レース用）
- ボート
- 飛行機
- 美術品
- 宝石
- 骨董品
- スタートアップ企業
- 更地
- 不動産
- レストラン
- 既存の事業
- プライベート・エクイティ・ベンチャー／出資の募集への対処
- 住宅ローンの代替──特に信用力が低い、または信用歴がない場合
- 多種多様な既存の借入れ（クレジットカード、学生ローン、既存の保険からの借入れ）の借換え
- 高齢者の介護のためのブリッジローン
- 災害からの復旧
- 家族の援助（子供、親、障害者である親族）

同じようなロジックを、アンティークな車から、投資用の硬貨、ルネッサンスの絵画、更地まで、あらゆるものに適用できます。もしあなたが適正な金利で有価証券担保ローンを利用できる場合、有価証券担保ローンを活用して物品を購入することにより、あなたに多くの利点がもたらされます（そして、あなたがもし、まだホーム・エクイティ・ローンを設定していないのであれば、場合によっては、税制上の利点を伴うホーム・エクイティ・ローンの方が、なおさら良い選択肢かもしれません）。

　さてここで、高価なものを購入するために考慮した枠組みを拡大して、あなたにとって最大の買い物の一つであるかもしれないもの、すなわちセカンドハウスに対して、知っている人が非常に少ない、異なるソリューションを適用してみましょう。

■ セカンドハウスを購入する
──プラスとマイナス

　第3章で、最適な借入比率の決定方法について述べた時、私たちは、あなたの自宅があなたの最適な借入比率に含められるべきかどうかという問題について詳しく議論しました。私たちの結論は、一部の人にとっては、それが心情的に重要なため、自宅を抵当権なしで所有すべきこと（借入れは一切負うべきでないこと）は疑問の余地がない、というものでした。一方で、あなたの全体的な資産の状態に望ましい借入れを加える手段として、セカンドハウスの購入は非常に有望かもしれません。

　セカンドハウスを購入する方法について考える前に、まずセカンドハウスを所有することに伴ういくつかのデメリットを検討し、代わりにセカンドハウスを借りた方が良いかどうかを考えてみましょう。それは、あなたが休暇用として、または投資目的としてセカンドハウスを探し始めるずっと前、あるいはあなたの資産に適切な借入れを加えるずっと前に、セカンドハウスを所有することに通常伴う費用やその他の要因をよく理解しておく必要があるからです。それらの要因を一つずつ見ていきましょう。

減価償却

　そもそも住宅には、所有することのコストや予想される不動産投資のリターンに多くの場合、全面的に組み込まれていない数々の費用があります。まずは、減価償却費です。もしあなたが、トウモロコシ畑の真ん中に新しい家を建てて50年間放置した後、戻ってその家を訪れると、その家にはもはや使える部分がないでしょう。あなたは基本的に、すべてを取り換えなければならないでしょう。家には、新しい屋根、新しい窓、新しいカーペット、新しい電化製品、新しい浴室などが必要になるでしょう。50年という期間を踏まえると、家を維持し全く同じ状態を保つためだけに、年間2％の減価償却費用がかかることになります。期間が30年間であれば、減価償却費用は年間約3％になります。

　この考え方を土地ではなく、建物の価値に適用することが重要です。例えば、あなたが10万ドルの価値がある土地とその上に建てた100万ドルの建物を所有しているとすると、その価値の合計は110万ドルです。この例では、建物を現在と同じ状態に保つだけで、年間2万〜3万ドルくらいの維持費がかかると考えるのが妥当でしょう。あるいは、仮にあなたが、500万ドルの不動産、うち建物が200万ドルで土地が300万ドル、を所有しているとしたら、あなたの減価償却費用は年間6万ドル（3％×200万ドル）近くになる可能性があります。土地の価額が高い地域（海岸沿いや都心部）においては、土地の価値を建物の価値と切り離して考えることが特に重要です。一方で、土地の価値が物件全体の価値の30％以下である場合には、それほど重要ではありません。

　明らかに、こうした費用は均等に配分されません。新築の場合、最初の2年間は、維持ではなくむしろ完成させるための費用がかかる傾向があります。3年目から10年目にかけては、維持費はさほど高くない傾向にありますが、その間、将来的な維持費用が蓄積されていることを家の所有者は軽視しがちです。10年目から20年目にかけては、費用がかさむ傾向があります。電化製品はほとんどすべて、カーペット、もしかすると屋根、ペンキは確実でしょう、そしてすべての装飾も古くさくなってしまうことを忘れてはなりま

せん。20年目以降は、維持費は、2～3％のレンジに標準化する傾向にあります。標準化といっても、ある年は1万ドルの費用、翌年は車庫まわりの改装に3万ドルといったように、毎年均等ではありません。ですが、3年間を通してみると全体で6～9％が、物件に再投資されるコストの合計になる可能性が高いでしょう。

（訳注：マンションを所有している場合などに）居住者組合手数料やマンション管理手数料がある場合は、それらを考慮することを忘れないでください。基本的には、それらは大抵の場合、減価償却費用の一部とみなされます。管理組合が、建物の外壁や屋根、共有施設など、一戸建てなら自分でメンテナンスしなければならない一定の部分を維持管理しているからです。

税金と運営コスト

固定資産税は、あなたが住んでいる地域にもよりますが、大抵は1～2％（地域によって、それ以上に高い、あるいは低いところもありますが）です[4]。また、保険から暖房、ガス、電気、掃除、芝生の手入れ等々のすべてを含む運営コストが0.5～2％か、それ以上かかるでしょう（ここでも同様に、もしあなたがマンション住まいで居住者組合があったとしたら、居住者組合がこうした費用の一部を負担するかもしれませんが、その際にはもちろん、あなたが支払う居住者組合手数料を考慮する必要があります）[5]。

資金のコスト（直接コスト、そして機会費用）

あなたが用いるファイナンスによる借入れの実質的なコスト（税金の影響をすべて考慮したうえでの借入れのコスト）と、物件に対して使ったあなたの**自己資産**の**機会費用**を突き合わせて考えることが重要です。言うまでもないことかもしれませんが、あなたがセカンドハウスに投じることにした自己資金を、投資に回したとしたら、あなたの投資ポートフォリオの平均投資収益率並みの利益をもたらしたでしょう。つまるところ、借入れを活用することに伴うコストと自己資金を活用することに伴うコストがあります。企業はこれを、加重平均資本コスト（WACC）として考えます。

最初にかかる諸経費

　他の費用と異なり、繰り返し発生するものではありませんが、それでも額が大きいので考慮すべき費用です。不動産の取得に伴う諸経費は、もちろん地域によって差はありますが、通常は物件の価値の１～２％です。その中には、物件の鑑定、検査、所有権保険、弁護士の手数料などが含まれます。最近は、多くの地域において、一定の規模を超える住宅ローンについては、追加的な税（訳注：原書では mansion taxes, mortgage taxes）が課されるため、それも考慮する必要があります。あなたが購入する物件が新築であるか、歴史のある家であるかに関わらず、おそらく、100％完璧な家はないでしょう。仮に97％完璧だとしても、あなたは、自分が本当に気に入る家にするためには、購入価格のおよそ３％にあたる額を投じなければなりません。この３％は大抵の場合、装飾や自分の趣味に関係するものなので、物件としての価値はほとんど高まりません。引越しや家具の購入にかかる費用もかなりの額になる可能性があるので、賃貸か購入かを決定する要因の一つになるかもしれません。

流動性（あなたが望む時、または必要とする時に、好ましい価格で売れる可能性）

　どんな不動産の取引でも、あなたが物件購入を完了する時には、とても運が良くない限り、その時点でその物件に対して最も高い価格を支払った可能性が高いことを知っておくべきです。もしあなたが考えを変えてその物件をすぐに売ろうとすると、通常およそ５～６％の不動産仲介手数料がかかるばかりでなく、購入した価格よりかなりの確率で２～３％安く売ることになるでしょう。言い換えれば、居住用不動産の取引をめぐる問題点の一つは、購入した直後に、考えを変えて売りたい場合、あなたはおよそ４～８％の年間の経費に加えて、約７～９％の損失を被るであろう、ということです。

　とは言うものの、セカンドハウスの**値上がり**はどうでしょうか。不動産は長い目でみて、あなたにとって最も有利な投資対象の一つではないのでしょうか。まあ、居住用不動産は確かに、長い目でみれば物価上昇率と同じペースで上がる投資になる可能性があります。あなたの両親、または祖父母が

1950年代、あるいは1960年代に住んでいた家がその後1980年代にいくらで売れたか、あるいは今日どのくらいの価値があるかを考えてみてください。長い目でみた場合、居住用不動産は物価上昇に対する優れたヘッジのようにみえます。

　一方で、このような、不動産は時が経つにつれて価値が上昇するという観念は、その反面、誤解を招きかねません。購入の結果、比較的少額の税金が課される（一般的に課税されるのは受け取った投資利益や配当に対してのみです。すなわち、あなたが受け取った総額から一定額が差し引かれるにすぎません）株式や債券と違って、あなたは自ら固定資産税を（前述の経費とともに）支払います。さらに、居住用不動産は、賃貸されない限り、所有者に収入または配当をもたらしません。この点は、私たちがこれまで議論してきたことの特性を変え、そうした資産を維持し管理するためにさらなる資本の投入が必要となります。

　人には、自分に都合よく解釈するはっきりとした傾向があることや、私たちは皆、実際よりうまくいったと考えたいことから、時間の経過に伴う物件の価値の実際の上昇を評価するのは、なかなか難しいかもしれません。次の例を考えてみてください。あなたが50万ドルの家を購入し、10年後に100万ドルで売る場合、あなたの投資は2倍になった、または年間およそ7.2%のリターンを生んだようにみえます。しかし、仮に総額6万ドルの固定資産税（節税効果の可能性等を含めて）を支払い、家の維持、管理や改装に15万ドルを投じたとした場合、あなたが実際のコスト・ベースは71万ドルになります。それが10年間で100万ドルに達したのですから、リターンは3.5%になります（ここから自己資金の機会費用または金利の費用が差し引かれます）。

　以上のすべてを念頭に置いて、あなたが本当に休暇その他の目的で、セカンドハウスで時間を過ごしたいと考える場合には、次の質問にたどりつきます。それは、セカンドハウスを**借りるべきか、所有すべきか**ということです[6]。賃貸契約では通常、修繕費、維持費、税金および居住者組合手数料の支払いはすべて物件の所有者の責任で、そして当然ながら所有者が物件を提供してくれるわけですから（すなわち、あなたには、物件に関連した借入れや

自己資金を投じることがありません）、借り手の資本が固定化されることはありません。あなたは、一つの固定費をいくつかの直接的そして間接的な費用と交換していることになります。

　結局のところ、最も重要な点は、**あなたが賃貸用の物件に、年に何泊するだろうか**ということです。一般的に、ほぼ次のような計算が成り立ちます。

　以下の場合は、賃貸を検討しましょう。

・あなたが滞在するのは年間30泊以下です。

・そして／または、あなたは、年間を通じて出たり入ったりせず、連続して滞在するのみです（例えば、冬あるいは夏だけ）。

・そして／または、あなたが物件の利用を予定しているのは３年以下です（それほど短期間に、それほど多くの諸経費を回収することはできません）。

・そして／または、あなたに、物件を賃貸するつもりが**ありません**（賃貸しないことにより、実質上コストが上昇します）。

　以下の場合は、購入を検討しましょう。

・あなたは、物件を賃貸するつもりです。

・そして／または、あなたが滞在するのは年間30泊以上です（120泊以上滞在するのであれば、なおさらです）。

・そして／または、あなたは年間を通じて出入りします。

・そして／または、あなたは、少なくとも物価上昇率と同等（またはそれ以上の）価格上昇が見込めると考えています。

計算のためのノート

　前述のすべての税引き後の費用を加算し、そこから、あなたが予想する物件価値の上昇分を差し引き、あなたの宿泊日数で割ると、１泊当りの推定コストが算出されます。以下が、その計算式です。

推定年間コスト／あなたの宿泊予定日数

推定年間コスト＝(物件価値の上昇分＋収入)−(定常的な費用＋(一時
的なコスト／物件の所有年数))

たとえば、

・物件価値の上昇分と収入

＋推定される物件価値の上昇分

＋賃貸収入（もしあれば）

――――――――――――――

＝およその年間利益

・定常的な費用

−2.5％の減価償却費

−1.25％の固定資産税

−1.5％の運営コスト

−＿＿％税引き後の資金コスト（あなたのWACCを使うのが理想的です）

――――――――――――――――――――――――――――――

＝定常的な年間費用

・一時的なコスト

−＿＿％の諸経費

−＿＿％の流動性コスト

――――――――――――――

＝一時的なコスト

この数値を、賃借した場合のコストと比較してください。賃貸収入、
物件価値の上昇分、資金コスト、あなたの宿泊日数、あなたが所有を想
定している期間が、この計算式の主な変数です。

賃借と購入を比較した詳細な例を、「補論B」で示しています。

100％のファイナンス
——頭金なしの不動産購入オプション

　あなたが本当に、セカンドハウスを購入したいと決断したとしましょう。あなたはもちろん、従来型の方法で、銀行または住宅ローン取扱業者から最も有利な条件の住宅ローンを探すことができます。しかし、他にも選択肢があります。大手の金融機関のほとんどは、住宅の価値の100％について融資を受ける選択肢をあなたに与えてくれるはずです。その場合、その金融機関は、基本的には、銀行や他の住宅ローンの提供者と同じように住宅に担保権を設定すると同時に、あなたがその金融機関に預けている既存資産の口座についても担保権を設定します。後者の担保は、住宅購入の頭金をカバーするものです。

　それは、このようなものです。仮にあなたが上記のように100％の融資を受けて100万ドルの住宅を購入したいとします。従来の住宅ローンは、この額のセカンドハウスの場合、通常およそ購入額の70％の借入れが可能です。しかし、あなたは30万ドルの頭金を支払う代わりに、従来の住宅ローンと同じ条件の第一抵当権を設定して、100％の融資を受けることができます。そのためには、物件に担保権が設定されるのに加えて、例えば30万ドルの頭金の200％、つまり60万ドルの既存口座にある資産に担保権の設定を求められることになるでしょう（あなたが有価証券担保ローンを活用する際に担保として差し出した資産と同一の資産を活用することは**認められない**こと、また正確な担保の額は金融機関によって異なるだろうことに注意してください）。

　この種の100％の融資においては、例えば30万ドルの資産を売ることによって別途に頭金を用立てする代わりに、あなたが取引金融機関ですでに投資している資産を担保として差し出すのです。あなたの投資ポートフォリオに途中で手を付けたり、他の何らかの方法で十分な額の流動性のある現金を調達する代わりに、あなたの既存の投資ポートフォリオをそのまま担保として利用できるので、レバレッジの引き上げという借入利用の強みをうまく活

用し、有利な金利（税制面でのメリットのある所得控除の対象となるかもしれない）で住宅ローンを借りることができます。

　引き続き、この100％の融資で100万ドルの家を購入する例を考えてみましょう。固定金利と変動金利の比較の際に述べたように、自宅に対する借入れがなく、あなたの借入比率が25％以下（セカンドハウスに対する住宅ローンを入れて）である場合、あなたはLIBORに一定のスプレッドを上乗せした変動金利の住宅ローンを選ぶかもしれません。このローンの金利は、現在の金利環境の下では2％程度です。税金の控除を考慮すると（あなたの課税区分が33％の場合）、あなたは実質的に毎月およそ1,100ドル（2％×（1−0.33）＝1.32％。年率1.32％×100万ドル＝1万3,200ドル／12＝1,100ドル）を支払うことになります。あなたは頭金を一切支払わずに、100万ドルの家に住めるのです。もちろん、前にも述べたように、固定資産税や維持費などを支払わなければなりません。とは言え、これはあなたが人生を送るうえで、ものすごく多くの柔軟性を与えてくれます。

　この時点で、ほとんどの人は2つの疑問を抱きます。物件の価値が下がったらどうなるか、そして金利が上昇したらどうなるか、の2つです。だからこそ、これまで学んできた基礎的な考え方がとても重要なのです。私たちは、物件の価値はその資産に関するファイナンスの方法とは無関係であることを学びました。その物件の価値が上昇するか、下落するかは、その物件のファイナンスの方法とは全く無関係なのです。金利については、本章の固定金利対変動金利に関する節と、第5章のスプレッドの獲得のところで、その変動による影響について述べました。25％の借入比率を維持していれば、あなたは明らかにいつでも介入することができます。**その戦略が好ましくないと思った時は、いつでもローンを返済できるのです。**ただし、同時にあなたは、自分の投資ポートフォリオが、金利上昇時のリスクによってどのような影響を受けるかについて検証することは不可欠です。

子供を援助する、パート2

　有価証券担保ローンで、あなたが子供たちを援助する最初の方法を78ページで示しましたが、他にも彼らを援助する方法があります。ほとんどの金融機関は、親に対して、成人の子供が親と同じように100％の融資を受けることを可能にする方法を提供しています。

　親が資産を担保として差し出すことによって、子供は頭金を支払わなくて済みます。仮に子供が30万ドルの家を購入したい場合、子供は、およそその20％にあたる６万ドルの頭金を支払う必要があります。その代わりに、金融機関にもよりますが、親が12万ドル程度の資産を担保として差し出すことができます。この担保設定によって、子供は、PMI（Private Mortgage Insurance、民間の住宅ローン保険）なしに100％の融資を受けることができ、親は自分の投資戦略にしたがってそのまま投資口座で投資を続けることができます。

　親は連帯保証人ではなく、リスクを負うのは、子供がローンの返済を止めた時だけです。基本的に、親は、最悪の事態が発生した場合の安全装置、あるいは追加的な担保の役割を果たすのです。親の資産は引き続き投資され、投資から生まれるリターンはすべて親の口座に入ります。親は大抵の場合、売買する資産が有価証券担保ローンの規定を満たし、取引金融機関が担保口座に求めている最低金額を維持している限り、平常どおり投資商品の売買を続けることができます。これは、家族で相談して検討すべき、非常にパワフルなツールです（ただし、その前に必ず、「補論B」と「補論C」を読んでください）。

　これによって、30万ドルの物件の購入に伴う支払いは、４％の固定金利だとすると、30万ドル×４％＝年間１万2,000ドル／12＝月1,000ドルになります。この1,000ドルは、子供にとって所得から控除できるでしょう。「補論B」のケース・スタディにあるように、この戦略によって節約できる追加の額は、住宅ローンの返済に充てるべきではありませ

ん。それは、貯蓄や退職年金プラン、または流動性の高い投資に向けられるべきです。

追記：家族は、固定金利と変動金利のどちらがより適切かを一緒に相談して決めるべきです。もし固定金利を選んだ場合、あなたは、子供が物件の所有を考えている期間についての金利の変動に対する保険をかけているのにすぎないということを覚えておいてください。一般的には、金利が当初 5 年から 7 年固定された後、それ以降は変動金利に変更されるローン（金利支払いのみ）について検討してみるのが合理的でしょう。

 ## 第 6 章のまとめとチェックリスト

　本章では、ボートや車から馬、宝石、セカンドハウスまたは別荘に至るまで、高価なものを購入するための、より良い方法を検討しました。私たちはまず、企業が、全体的かつ実用的なアプローチを用いて、どのように高価なものを購入するかを考えました。それは、何かをファイナンスするのにコストが最も低い長期的な借入れ方法を含めて、すべてのローンやファイナンスの選択肢を検討することでした。

　次に私たちは、4 つの原則を検討しました。(1)あなたがものを購入するために用いるファイナンスの種類と、そのものの価値の関係（ヒント：**関係はない**。つまり、それらは全く独立）、(2)分割償還は鼻持ちならず、あなたの人生に他に何が起ころうと毎月支払いを義務付けし、あなたの柔軟性を大幅に制限し、財務的困難に陥らせる、あるいはそれを悪化させるため、可能な限り避けるべきだということ、(3)固定金利のローンで何かを購入するということは、あなたは金利が上昇しないという事実上の保険契約に対して相当なプレミアムを支払ったことを意味しているということ、(4)いかに賢明で献身的なファイナンシャル・アドバイザーでも、その大多数は戦略的借入れの意義を認識しておらず、おそらくそうしたさまざまな種類のファイナンスの選択肢を考えたことがない（だからこそ、あなた自身がさまざまな可能性があることを指摘する必要がある）という一種の高次元的な原則あるいは大局的な原則

です。

　最後に私たちは、あなたが車または他のあらゆるものを購入するためのより良い方法として、有価証券担保ローンおよびホーム・エクイティ・ローンを用いることを検討しました。そして、セカンドハウスを購入することの一般的なプラスとマイナスについて検討し、最後に、セカンドハウスや別荘の購入、あるいは成人の子供の自宅購入を援助するための、私たちの言葉で言う100％融資の選択肢を検討しました[7]。

チェックリスト

☐　あなたは、企業が高価なものを購入する時に用いるファイナンス手法の価値がわかりますか？　それは、自己のバランスシート全体を見た全体的かつ実用的なファイナンスの方法です。

☐　あなたは、本章で述べた4つの原則それぞれの意味を理解し納得できますか？

☐　あなたは、担保資産を用いる100％の融資が、どうして特定の状況において非常に有用かもしれないのか、わかりますか？

注

1．Stephen A. Ross, Randolph Westerfield, and Jeffrey Jaffe, *Corporate Finance*, 10th ed. (New York: McGraw-Hill, 2013), 第15章。これは社債に関してあてはまります。鉄道会社が利用する設備信託証書（Equipment Trust Certificate）のように、直接分割償却を実施する条項、もしくは分割償却が実施可能なオプションが付されている資産担保証券もあります。また、モーゲージ担保証券（Mortgage-backed Securities）には、借入期間中に元本（分割償還）および利子が同時に支払われるものがあります。非公開企業への銀行融資の多くは分割償還が条件となります。これらのような借入れと証券が存在していることは、公募社債が元本一括返済方式を採用しているという事実を排除するものではありません。

2．分割償還を条件とする債券を発行する上場企業はありませんが、私募発行市場においては実際に分割償還を条件とする債券が発行されます。また、企業は、債券の元本の払い戻しに必要とされる資金を保管する減債基金を設定できます。ですが、依然として企業はその現金を管理し、その債務に対して継

続的に支払う義務があるのは金利のみです。つまり、あなたが元本を受け取るのは、債券の早期償還条項が発動された時、あるいは満期に達した時のみです。もちろん、個人も同様に減債基金を設定することができます。

3．この自家保険の観点を受け入れるのであれば、金利が上昇した場合、債券やCD（訳注：譲渡性預金）のような債券投資の平均利回りもまた上昇する傾向があることを覚えておいてください。したがって、ポートフォリオの構成によっては、借入コストが時とともに上昇したとしても、引き続きこの種の自家保険を維持できるかもしれません。また、景気循環のどの局面にあるかに関わらず、変動金利に対するスプレッドの獲得を目標とする「スプレッド商品」が複数あることについても留意すべきです。もちろん、こうした商品は目標を達成できない可能性があります。洗練された投資家は、先物、またはオプションを用いて、こうしたリスクや金利の大幅な変動に対するヘッジをするかもしれません。

4．"Median Effective Property Tax Rates by County, Ranked by Texas as a Percentage of Household Income, 1-Year Average, 2010," The Tax Foundation, July 27, 2012. http://taxfoundation.org/article_ns/median-effective-property-tax-rates-county-ranked-taxes-percentage-household-income-1-year-average.

5．Yingchun Liu, "Home Operating Costs," HousingEconomics.com, National Association of Home Builders, February 8, 2005. http://www.nahb.org/generic.aspx?sectionID=734&genericContentID=35389&channelID=311

6．Ross, Westerfield, Jaffe, *Corporate Finance*, 21.9. 企業は多くの資産を賃借している。

7．本章の内容は、他の章と独立したものではなく、本書全体の一部として、全体的に考慮されるべきものであり、独立の内容と考えられるべきではありません。これには、本書の至るところで示されている免責事項と、紹介している考え方に関するリスクについての議論が含まれますが、これらに限定されるものではありません。本書の内容は、あなた自身の状況、リスク許容度およびゴールに基づき、アドバイザーとの間で、さまざまな考え方のリスクと潜在的な恩恵についての思慮深い議論と会話をすることを促すためのものです。

豊かなセカンドライフのために

老後のための「現金」は必要なのか

　資産の承継、つまり贈与や相続と聞くと、多くの方は子供や孫に「現金」を残すことをイメージしがちですが、預金は前述のとおり実質的な資産価値が低減する可能性があるほか、相続時には資産圧縮の効果が期待できません。次の世代への承継を考慮するにあたり、資産の相続税上の評価額を理解することも重要です。

　相続税や贈与税は、国によって定められたルールにしたがって算出される評価額をもとに計算されます。預金の場合、金融機関に預けてある残高がほぼそのまま相続税の評価額となります。

　一方、不動産の場合、路線価という、いわゆる時価とは異なる基準を使って評価を行うようルールが決められており、不動産の相続税計算上の評価額は時価の約8割程度と言われています。つまり、資産を預金から不動産に替えるだけで、約2割程度の資産圧縮効果が期待できるのです（図③－1）。

　これに対し、金融資産には税法上の評価減の仕組みがありません。しかし、「借入れ」という「マイナス資産」を残すことで、実質的に金融資産の評価額を減らすこともできます。

　例えば、「老後は子供たちの世話にならない」という理由で、老人ホーム

図③－1　不動産による資産の圧縮例

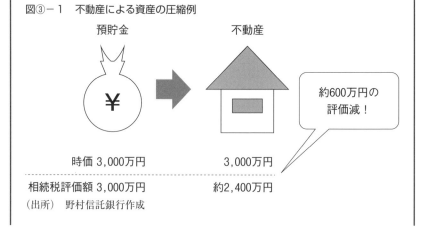

（出所）　野村信託銀行作成

に入るための入居金やいざという時のための医療費に備えて、資産を預金の形で保有している方は多くいます。

　しかし、預金を有価証券運用に振り替えたとしても、有価証券担保ローンを活用すると、老人ホームの入居金やいざという時のための医療費等の資金を借り入れることができます。有価証券運用を続けられるため、老後のキャッシュフローもある程度維持することも可能となります。

　なお、実際に2017年の家計調査によると、貯蓄残高が多い世帯ほど金融資産に占める有価証券の割合の高い傾向にあります（図③－2）。

自由な返済プランだからこそ可能な相続税対策

　一般的なローンにおいては、毎月の返済額が決められていることが多く、一定の期間内に徐々に借入残高が減っていくような仕組みになっています。

　一方、有価証券担保ローンは返済プランの定めがないことが多く、好きなタイミングで自由に返済できるものが多くあります。決められた期限までに返済する必要がない場合、相続発生時まで元本（および金利）を返済しないまま借入れ、つまりマイナス資産を残しておくことも可能です。

図③－2　貯蓄現在高五分位階級別、貯蓄の種類の構成比

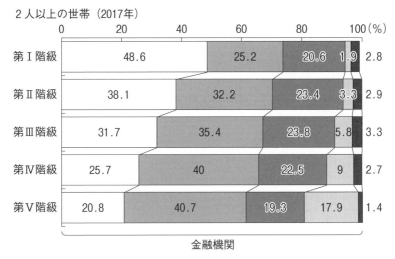

2人以上の世帯（2017年）

（注）　貯蓄現在高の順に各世帯を並べ、5等分したもの（第Ⅴ段階が最も貯蓄現在高が大きいグループ）。
（出所）　「家計調査（貯蓄・負債編）平成29年」（総務省統計局）

つまり、返済プランの定めがあるローンよりも、返済時期を自由に選べて借入残高を維持することのできる有価証券担保ローンの方が、相続税計算上の債務控除の効果をより享受しやすいと言うことができます。また、こうした特性をうまく活かすことによって、生前贈与を実施することもできます。

　人生100年時代において、充実したセカンドライフを過ごすためにも、長期運用と有価証券担保ローンの組合せは大変重要なのです。

（野村信託銀行前営業企画部長　四丸　勝貴）

第7章

結　論
——本書の本当の意味

　もしあなたに十分な額の資産があるとしたら[1]、あなたの金融エコシステムの中で、適切な種類の一定額の借入れ（賢明な借入れ、十分に検討された借入れ）を行うことは、単に良い考えというだけでなく、多くの場合、素晴らしい考えだと思います。適切な種類の借入れ（本書では一貫して戦略的借入れと呼んできました）は、あなたとあなたの家族に流動性、柔軟性、レバレッジ、そして将来起こるかもしれないこと（自然災害、家族の死、失業等を含めて）に対処する持続可能性の向上をもたらします。言い換えれば、適切な種類の借入れは、あなたとあなたの家族にとって間違いなくとても貴重なものになるでしょう。本書の目的は、少なくともどのようにそうなのか、なぜそうなのかの導入部分について説明すること、そしてあなたがどのようにして戦略的借入れを最大限効果的に利用できるかについて説明することでした。

　しかし、**借入れがない時に借入れを行うことは**、本当に合理的なのでしょうか。間違いなく合理的です！（事実、本章で後に示すように、より多くの借入れを行うことが**唯一**の合理的な方法な時もあります）。本当のポイントは次の点です。本書は、あなたが購入する余裕がないものを購入するための本でも、不相応な暮らし（退職後または離婚後を含む）をするための本でもありません。むしろ、本書は、次の3点についての本です。

1　有価証券担保ローンの設定により、潜在的に発生しうるあらゆる種類の
　　災害に対して事前に準備する方法。
2　スプレッドを獲得することで、長期的にあなたの資産を増やし、その結

果、あなたの購買力を増加させる方法。

3　買い物（特に高価な買い物）をする際の最も良い方法を示し、すでに購入可能な物の購入を最適化する方法。

本書を通じて学んで欲しいこと

　戦略的借入哲学と戦略的借入れの実践に関するすべての情報を整理するという目標は、突き詰めると、**伝統的な考え方に挑戦し、読者が開かれた心を持つことを促し、あなた自身の状況を踏まえて何が最適かということをよく考えていただくということ**でした。富裕な個人や家族に最適な借入比率と呼ばれるものが存在するという概念は、資産形成層の方を含む多くの人にとって異端に思えるでしょう。どうしてでしょうか。それは、一般的な金融に関する本を読む限りでは、可能な限り早くすべての借入れを返済すべきだとすべての本が説明しているからです。

　しかし、そうした本や執筆者は、敬意を表しつつもはっきり言ってしまえば、企業のCFOの極めて厳密な思考を個人のバランスシートにあてはめようとはしません。彼らは、しばしば全体的ではない、局所的なアプローチを採っています。彼らは、あらゆる業種の企業が、自ら事業を強化する目的で、適切な種類の借入れを選択して実行している事実を完全に見すごしているのです。そして、明らかに、有価証券担保ローンの設定がもたらす潜在的なメリットについて熟慮したことがないのです。彼らにとって借入利用の強みという概念は完全に異質な考え方であり、適切な種類の借入れが、柔軟性、流動性、レバレッジ、持続可能性の向上をもたらす可能性があることをどうやら考えたことがないのです。言うまでもなく、スプレッドの獲得という考え方は、本書の読者の一部にとって、長期的な資産の見通しを抜本的に向上させうる素晴らしい秘けつですが、これらの執筆者からは危険すぎて異端すぎるとされ、一度も考慮すらされていません。

　もちろん、例えば高金利で不利な借入れ条件となっている通常のクレジッ

トカードによる借入れ等を含めて、とにかく行うべきではない種類の借入れ
はありますが、借入れの良し悪しの判断はそう単純ではありません。借入れ
については、あなたの財務状況全体を把握したうえで判断される必要があり
ます。

　そして、私たちは、最適な借入比率という考え方をあなたの全体的な資産
管理計画に組み込むことが望ましいと考えています。また、もし誰かが局所
的な資金調達（自動車ローン、ボート・ローン、馬のローン等）を持ちかけて
きたら、あなたが不安による心の痛みや大いなる疑問を感じ、ファイナン
シャル・アドバイザーやプライベート・バンカーを呼んで、より良い方法が
ないか相談することを望んでいます。そして、最後に、私たちは、自動車や
ボート、馬、土地、レストラン、スタートアップ事業等の購入資金の調達方
法を最適化するためだけではなく、疑いなくさらに重要なこととして、災害
から家族を守る積極的な策として、有価証券担保ローンを設定することの重
大性について、あなたに伝えることができることを心から望んでいます。も
う一度、繰り返します。あなたが今すぐにかなりの額の現金を必要としてい
る時、事前に設定された口座から合理的な金利で小切手を振り出すことがで
きることに勝るものはありません。

行動ファイナンス 101

　本書を通して示してきた考え方は、あなたが企業の CFO のように思
考する意向があるということを前提にしています。知的に、合理的に、
最適な選択を行う意欲があるということです。この考え方は、例えば、
あなたが借入れを返済するか、投資ポートフォリオの資産を追加するか
という選択を行うことを想定しています。一方で、借入れを返済する
か、フェラーリを買うかという選択を行うことは想定していません。こ
れらのコメントは、人々が機械のように合理的であることを前提として
いますが、実際にはそうではないことを示す行動経済学に関する文献が
増えています[2]。

多くの個人がお金を貯めることに大変苦労しています。さらに言えば、多くの人々が戦略的借入哲学の実践に要求される規律にしたがうことすらできません。購入欲に駆り立てられる人々は、本書の最も重要な部分を無視し、行うべきでない購入やすべきでない借入れを正当化するために、本書の中にある考え方や戦略を使ってしまう危険性があります。もしあなたがこうした状況にあるなら、あなたの純資産の額に関わらず、短い分割償還期間を選択する、借入れを金額返済するといった大勢的なメディアの借入れ排除の考え方が、おそらく最も良いアドバイスになるでしょう。

さらに、私たちは、あなたに既存の借入れの支払金利を値踏みするより、適切な借入れ方法を設定するほうが得るものがはるかに大きいということをもうご理解いただいたと思います。借入金利は間違いなく重要な要素ですが、借入れの柔軟性の意義を過小評価しないでください。例えば、分割償還スケジュールの付いた借入れは、自動的にそのような柔軟性を低下させるのです。加えて、あなたやあなたの家族に人生を変えるような環境変化が起こった時、例えば、離婚、退職、高齢の親の面倒をみるためのブリッジローンや子供の教育のための資金のニーズが発生した時、そうしたニーズに対応するための少し他と違った明らかにより良い選択肢があるかもしれないことにもう気付いていると思います。

そうであれば、あなたは以下の状況、あるいは環境について、きっと**良い**、**悪い**という言葉を抜きに考えることができるでしょう。

・借入れを返済するか、借入れを行うか。
・住宅ローンを返済するか、返済しないか。
・退職後に借入れを保持するか、**さらに多くの借入れ**を行うか。
・離婚後に借入れを保持するか、**さらに多くの借入れ**を行うか。
・死亡した時に借入れを残すか、相続人には借入れをすべて返済した状態で渡すのか。

・固定金利による借入れか、変動金利による借入れか。

・居住用住宅、セカンドハウスまたは別荘を賃借するか、購入するか。

こうした状況には、それぞれ複数の賛成意見と反対意見があり、そしてそのそれぞれについて、借入れは元来良いものでも悪いものでもありません。こうした状況の一つ一つについてさまざまな点について検討する必要があり、その検討内容によって、借入れは潜在的に便利でメリットがあったり、あるいは費用が高く危険だったりしうるのです。そうです、あなたはこうした状況において借入れを行うことがまさに何を意味するのかを考え抜く必要がありますし、そしてそのためには、開かれた心を持ち、進歩的で、有能なファイナンシャル・アドバイザーやプライベート・バンカーの助けを得ることがほぼ確実に必要となるでしょう。すべての借入れは悪であるという一般的に普及した見方に反することは勇気のいることですが、そうすることで、あなたとあなたの家族は、短期的そして長期的にものすごく大きな見返りを得ることができるでしょう。

数十年にわたり金融資産価値向上のエンジンとなった戦略的借入れ

本書で示した考え方をあなた自身の人生の金融資産管理に適用することは、特にあなたが10年単位の展望を考える場合、とても刺激的なことです。あなたの投資収益率がどうなるかは誰にもわかりませんし、あなたの将来の所得や貯蓄の状況がどうなるかについて誰もわかりません。しかし、最適な借入比率の考え方を採用した家族を想定して、その家族の金融資産の状況が時間とともにどのように変化するのかについて想像し、考えてみることは有益です。以下に示すシナリオの詳細に関して、あまりこだわらないでください。資産や住宅の価値はもちろん下落することもありえます。むしろ、ある家族に今後時間をかけて起こるかもしれない一つの物語とだけ考えて、資産、借入れと最適借入比率に関連するいくつかの驚くべき相対力学に注目し

てください（次の節で、これらの時として驚くべき、あるいは逆説的な相対力学について詳しく述べます）。

表7-1では、貯蓄に励む若年層の家族の状況を示しています。ここで

表7-1　1年目のバランスシート

1年目

資産		負債
不動産	$ 500,000	$400,000
投資資産	500,000	—
合計	1,000,000	$400,000
純資産	$ 600,000	借入比率40%

表7-2　10年目のバランスシート

10年目

資産		負債
不動産	$1,000,000	$800,000
投資資産	1,400,000	—
合計	2,400,000	$800,000
純資産	$1,600,000	借入比率33%

表7-3　20年目のバランスシート

20年目

資産		負債
不動産		
住宅1	$1,200,000	$ 800,000
住宅2	800,000	600,000
投資資産	3,500,000	—
合計	5,500,000	$1,400,000
純資産	$4,100,000	借入比率25%

は、彼らの借入比率は40％と若干高い水準になっていますが、家族生活を始めたばかりの場合、借入比率は多くの場合、少し高くなります。

表7－2は、本書で示した考え方と戦略を採用して、この家族が以下のことを行った後の10年後のバランスシートを示しています。

・住宅ローンは一切返済しません。
・すべての貯蓄を投資ポートフォリオへ投入します。
・より広い家に引っ越す際に、より大きな額の住宅ローンを組みます。
・絶対額としてはより大きな借入れをしていますが、借入比率は**低下しています**（より大きな資産を保有しているため）。
・有価証券担保ローンを設定していますが、まだ利用していません。利用ニーズが発生していないことと、借入比率が依然として若干高い水準にあることが理由です（ただし、第3章で示した理想的な借入比率のレンジである15～35％の範囲内です）。

では次に、20年目のバランスシートに進みます。表7－3は、10年目以降に以下のイベントが起こった後の、この家族の状況を示しています。

・居住用住宅は評価額が若干増加します。住宅ローンについては一切返済しません。
・家族生活を楽しむ素晴らしい時期であるために別荘の購入を決断し、このセカンドハウスに対する住宅ローンを組みます。
・依然として有価証券担保ローンは利用していません（資金の引き出しをまだ一度も行っていません）。まだニーズが発生していないためです。

合計で140万ドルもの住宅ローンを組んでいますが、借入比率を理想的な水準である25％へ**低下**させることができたことに注目してください。

次に、20年目～30年目の間に、この家族に以下の多くのことが起こります。

表7－4　30年目のバランスシート

30年目

資産		負債
不動産		
住宅1	$ 1,500,000	$1,000,000
住宅2	1,500,000	1,000,000
投資資産	8,000,000	750,000
合計	11,000,000	$2,750,000
純資産	$ 8,250,000	借入比率25%

表7－5　40年目のバランスシート

40年目

資産		負債
不動産		
住宅1	$ 1,500,000	$1,000,000
住宅2	500,000	500,000
投資資産	10,500,000	1,625,000
合計	12,500,000	$3,125,000
純資産	$ 9,375,000	借入比率25%

表7－6　50年目のバランスシート

50年目

資産		負債
不動産		
住宅1	$ 1,000,000	$ 800,000
住宅2		
投資資産	12,750,000	2,650,000
合計	13,750,000	$3,450,000
純資産	$10,300,000	借入比率25%

・居住用住宅の評価額がもう少し上昇します。

・セカンドハウスをアップグレードします。

・強力な貯蓄の時期を迎え、投資ポートフォリオを拡大する一方で、住宅ローンについては返済を行いません。

・有価証券担保ローンの活用を開始します。そして退職が近づくにつれて、実際に退職した後に有価証券担保ローンを一層さらに活用する可能性について考えています（第7章をご覧ください（訳注：日本語版の対象としなかった原書の第7章のこと））。

・仮に市場が上昇して、投資ポートフォリオの価値が上がれば、退職に際して有価証券担保ローンを返済しようと判断するかもしれません。

　重要なことは、表7−4が示しているように、30年目の負債総額は今や275万ドル（20年目には140万ドル）ですが、総資産は今や1,100万ドル（20年目には550万ドル）であり、借入比率は最適な25％になっているということです（20年目と全く同じ水準です）。

　さらに10年進めて、40年目の状況を示す表7−5をご覧ください。そして、30年目と40年目の間に、この家族に起こるイベントは以下のとおりです。

・セカンドハウスを売却し、より小ぶりなマンションに移ります。

・退職後の収入は、一部は有価証券担保ローン、一部は投資ポートフォリオの額を減らすことによって確保します。

・投資ポートフォリオの価値は少し増えますが、海外旅行、家族の支援、2戸の住宅に関連する支出などへの出費の多い時期、生活費が高くなる時期なのでそれほど大きくは増えません。

　最後に、さらに10年進めて、表7−6に、50年目の状況を示しています。
　40年目と50年目の間は、旅行する回数も減り、住宅の規模を縮小し出費が減るため、生活費はかつてほど高くなっていません。実際のところ、この家

族は高齢者介護施設の独立住居へと引っ越します。当該施設は、月に1万〜1万5,000ドルの費用がかかりますが、それ以前の出費の多かった時期には月に2万ドルか、それ以上の支出をしていました。したがって、高齢者介護施設の年間費用は、数年前まで旅行や自動車、住居、家族のニーズ支援などに対する支出と比べると少なくなっています。

最終結果として、人生の終わりが近づいてくる50年目には、この家庭は過去最大の借入れ345万ドルを抱える（40年目は312万5,000ドル）、そうです、過去最大の**借入れ**です、一方で、過去最大のより大きな投資ポートフォリオ総額となる1,375万ドル（40年目は1,250万ドル）、過去最大の純資産額となる1,030万ドル（40年目は937万5,000ドル）を持っています。言い換えれば、表7−7のサマリーが示しているように、戦略的借入哲学とその実践を採用したことで、例えば、借入れを返済せず、代わりにその資金を投資ポートフォリオに振り向けることで成功裏にスプレッドを獲得し、数十年かけて借入比率を低下させることで理想的な借入比率に到達し、それを維持しただけでなく、投資ポートフォリオや純資産の額を増加させ、自らが望む人生を過ごし、そしていつかその時がきた際には、次世代のために、あるいは慈善団体や遺贈のために多額の資産を残すことができたのです。

それでは、この家族の総負債（総借入金額）が、10年ごとに上昇していったことが問題かどうかを考えてみてください。局所的にみれば、このことは

表7−7　バランスシートの変化のサマリー

年数	投資ポートフォリオ	総資産	総負債	純資産	借入比率
1	\$ 500,000	\$ 1,000,000	\$ 400,000	\$ 600,000	40%
10	1,400,000	2,400,000	800,000	1,600,000	33%
20	3,500,000	5,500,000	1,400,000	4,100,000	25%
30	8,000,000	11,000,000	2,750,000	8,250,000	25%
40	10,500,000	12,500,000	3,125,000	9,375,000	25%
50	\$12,750,000	\$13,750,000	\$3,450,000	\$10,300,000	25%

大きな問題にみえるかもしれません。しかし、全体的な観点からみると、つまり総資産、投資ポートフォリオの総額、そして純資産がすべて負債以上に上昇している文脈上で考えると、総借入れの増加について正しい光を当ててみることができます。そう、総負債（総借入れ）の額の継続的な増加は問題ではないというだけではなく、成功のために必要不可欠なものであり、時とともに他のものすべて（訳注：総資産、純資産等）の大幅な増加を可能にしたまさに経済的なエンジンなのです。

豊かさの矛盾
——理想的な借入比率を維持した際の驚くべき結果

　長期的に戦略的借入れの実践を成功裏に採用した場合に起こるいくつかの逆説的な驚くべき結果について示すために、さらにもう一つの家族の金融資産状況をみていきましょう。表7−8によれば、ジョンソン一家は、375万ドルの純資産、住宅ローン付きの2軒の家、投資ポートフォリオを持ち、投資ポートフォリオに関連する有価証券担保ローンから25万ドルを引き出していることがわかります。一家の借入比率は、第3章で最適なレベルとして示した25％です。

　ジョンソン一家の住宅の価値は年に2％、投資ポートフォリオの価値は年に6％上昇すると仮定します。翌年、すなわち2年目には、表7−9のような状況になります。

　2年目のバランスシートをみて最初に気付くことは、ジョンソン一家の借入比率が25％から24％（正確には23.85％）へと低下していることです。ジョンソン一家が借入れの返済を行っていないのにです。ジョンソン一家はまだ働いていて、退職に向けて貯蓄を行っている状況だと仮定しましょう。もし貯蓄を行っているとしたら、一家が生活費をまかなうだけの十分な資金を保有していることは明らかです。また、一家は今の人生や生活の状況に満足していると仮定しましょう。では、彼らはどうやって最適な借入比率である25％を維持できるのでしょうか。

表7－8　借入比率のパラドクス、1年目

1年目

資産		負債	
不動産			
住宅1	$　750,000	$　500,000	
住宅2	750,000	500,000	
投資資産	3,500,000	250,000	
合計	5,000,000	$1,250,000	
純資産	$3,750,000	**借入比率25%**	

表7－9　借入比率のパラドクス、2年目

2年目

資産		負債	
不動産			
住宅1	$　765,000	$　500,000	
住宅2	765,000	500,000	
投資資産	3,710,000	250,000	
合計	5,240,000	$1,250,000	
純資産	$3,990,000	**借入比率24%**	

　そう、ジョンソン一家が最適な借入比率である25％に戻るためには、借入れを一切返済しないことが必要なだけではなく、実は**さらに**借入れを行う必要があります。しかし、何かを購入することなしに、どうやって借入れを増やすことができるのでしょうか（前述したように、今の生活の状況にすでに満足しているので何かを購入する必要はないのです）。この場合、有価証券担保ローンに関する金利を支払わないことを選択することができます。表7－10に示したとおり、4％の金利ならば、それによって1年で25万ドルから26万ドルへと借入れが増加します（$250,000×4％＝$10,000の増加）。

　しかし、この場合でもまだ借入比率は23.85％から24.05％へと上昇するだ

表7−10　借入比率のパラドクス、2年目、金利支払いなし

2年目

資産		負債	
不動産			
住宅1	$　765,000	$　500,000	
住宅2	765,000	500,000	
投資資産	3,710,000	260,000	
合計	5,240,000	$1,260,000	
純資産	$3,980,000	**借入比率24.05%**	

表7−11　借入比率のパラドクス、2年目、金利支払いなしかつ借入れ増加

2年目

資産		負債	
不動産			
住宅1	$　765,000	$　500,000	
住宅2	765,000	500,000	
投資資産	3,775,000	325,000	
合計	5,305,000	$1,325,000	
純資産	$3,980,000	**借入比率25%**	

けで、まだ最適な状況（最適水準は25％と定義しました）にはありません。理想的な25％へ借入比率を戻すには、有価証券担保ローンを追加的に6万5,000ドル（関連する金利のコストを差し引いたうえで）利用する必要があります。一家の生活費はカバーされているので、旅行や税金、クレジットカードの請求書、雑費などに、有価証券担保ローンから月に5,500ドル近く引き出さなければならなくなります。これら費用のために支出していた5,500ドルについて、今度は貯蓄として毎月投資ポートフォリオに振り向けることができます！　この場合の状況は、表7−11に示されています。

　そうです、このことは、ジョンソン一家が借入れを返済しないというだけ

ではなく、むしろそれどころか、理想的な借入比率である25%程度を維持するために、時間とともに借入総額を実は増やそうとすることを意味しています。誰か他にこうしたことをしている人はいるのでしょうか。そう、企業がまさにこれと同じことをしています[3]。第1章の2つ目の教義を思い出してください。「企業のような思考と行動を探求しなさい」の中で述べたことですが、ここで繰り返しておく価値があるでしょう。一般的に、大半の企業は、総資産や純資産が増加しているにも関わらず、30年前ととても近い水準の借入比率を維持しています。このことは、同じ借入比率を維持するために定期的に借入総額を増やさなければならなかったことを意味しています。意図を持って望ましい、あるいは戦略的な借入れを増やす方法を検討することは、直感的には理解できないように思えますが、戦略的借入哲学とその実践にしたがえば、多くの場合、たどるべき最善の道筋です。

　興味深いことに、戦略的借入哲学とその実践を富裕な家族の金融資産の状況に長年にわたって成功裏に適用し始めると、ある種のパラドクスが発生します。特に、特定の最適借入比率、例えば本書を通して使用している25%を目標として設定した場合にそうなります（一方で、最適な借入比率という尻尾が、長期的な資産管理という犬本体を振りまわすことは望んでいませんが、最適な借入比率は、私たちを導く良い指標です）。単純に言ってしまえば、もし家族が、私たちがブレイクスルー・ポイントと呼ぶ地点に到達できれば、すなわち、もし成功裏にスプレッドを獲得していれば（第5章をご参照ください）、有価証券担保ローン（またはホーム・エクイティ・ローン）をもっともっと利用し、望ましい借入れを増やすことが必要になるかもしれません。しかし、このことは、そうでなければ借入れの返済に回すはずだったすべての資金を投資ポートフォリオに振り向けるということを意味しています。そうなれば、投資ポートフォリオの総額、総資産、純資産は増加を続けるでしょうし、有価証券担保ローンをさらに利用する必要性を生むのです！

　借入れの返済を行うはずだった資金が、代わりに投資ポートフォリオに振り向けられているという前提に基づいていることを理解することが極めて重要です。追加的な消費に振り向けられているわけではありません。正の

フィードバック・ループ（訳注：ある行動が伝播し、同じ行動を次々に起こす作用）、あるいは天体物理学で有名な三体問題（訳注：3つの天体が互いに万有引力を及ぼし合いながら行う運動に関する天体力学の問題）といった概念と類似して、スプレッドを獲得することに成功し続けると、理想的な借入比率の達成はますます困難になります。これは、住宅ローンを一円すらも一切返済しないというだけでなく、借入比率を理想的な水準に維持するために追加的な借入れを行う必要があるかもしれないということを意味します。また、第6章で示した方法を使って、自動車や高価な宝石、他のさまざまなものを購入するために、有価証券担保ローンを利用して借りたお金を全く返済しない可能性があるということにもなります。そうです、もしあなたが十分な資産を貯蓄していて、スプレッドを獲得していて、ブレイクスルー・ゾーンに到達しようとしていれば、7万5,000ドルの自動車を購入し、（訳注：自己資金は）一円も支払わないこともできます。実際のところ、そうした状況になれば、自動車を購入することは、最適な借入比率を維持することができる数少ない手段の一つなのです！（あなたが興奮しすぎる前に、後述する重要な注意点をご確認ください）。同様に、固定資産税についても有価証券担保ローンを用いて支払うことが可能です。この場合は、政府に行くはずだった資金は、代わりに、有価証券担保ローンの借入コストを上回るリターンが得られる可能性がある投資ポートフォリオに振り向けられます。

　借入れを残して死んでしまうことや、次世代の家族に借入れを引き継がせることについては、心地よくないと感じる人もいると思います。しかし、もう一度繰り返しますが、もしその借入れがより大きな純資産を蓄積するために必要で有益なものであれば（その借入れを資産管理全体の中で富を創出するための付加価値という文脈でみれば）、そうすることに全く問題はありません。そうです、借入れは次世代に相続されるかもしれませんが、その借入れを負担するのに十分すぎる富も同様に相続されるのです（適切な、税金を考慮した遺産計画が行われていたと仮定すれば）。

将来への投資──覚えておくべき注意点

　明らかに、この章でこれまで検討してきたシナリオは、平均して、そして長い期間でみれば、リターンがプラスであることを仮説として想定しています。投資家は、ほぼ間違いなくマイナスのリターンとなる期間、すなわち、スプレッドを獲得できない期間も経験します。こうした時期には、借入比率の上昇という、これまで検討してきたシナリオと逆のことが起こります。こうしたリスクをどのように管理すればよいのでしょうか。

　この点はおそらく、あなたのファイナンシャル・アドバイザー等との間での最も興味深い議論の対象になるでしょう。なぜなら、借入比率と借入金額は、実は、グローバルな経済状況に応じて、ある一定の範囲で変化させることができるツールとして使用できるからです。経済状況が良い時は借入れをいくらか返済することにし、借入比率を低下させることができます。困難な時期には、借入比率が最適な水準に戻っていくことを許容することができます。

　借入比率が引き上がることを許容することにはリスクがあります。悪い時期は、多くの人が想定する以上に、一段と厳しく、長続きする可能性があり

ます。あなたはこれらのリスクをヘッジするだけではなく、あなたの借入比率の範囲を注意深く、かつ事前に考慮する必要があります。あなたの借入比率の許容度の範囲は？　どの時点で介入し、借入れを返済するのか？　どの程度の金額を返済するのか？　不幸なスパイラルに陥ることをどうやって防ぐのか？　物事が悪い方向に進んだ時の出口計画を持ったうえで戦略を始めるべきです。

　もう一度繰り返しますが、「補論Ｃ」の「保証はない──狂気の世界における投資リスクの抑制」で詳細を述べていますが、あなたの資産管理計画、もっとはっきり言えば、あなたの投資戦略は、不確実な将来に備えるものでなくてはなりません。例えば、あなたの投資戦略は、今後30年が、過去30年と同じようになる可能性はとても低いという認識のうえで立てられるべきです。リスクとリターンは常に結びついているため、すべての投資戦略にはリスクが伴うことをよく認識すべきです。

　あなたはファイナンシャル・アドバイザーとともに、米国が過去20年間の日本のような相当なデフレに陥った場合に何が起こるかについて注意深く考えるべきです。あるいは、通貨の切り下げ、インフレ、ハイパーインフレを続けて経験したアルゼンチンと同じ状況に陥ったら何が起こるか？　また、2007～2012年のギリシャ、1950年代および1960年代の英国、あるいは1920年代のフランスのような状況に陥ったら何が起こるか？　これらの歴史的なショックは、あなたの投資計画、長期的な富、借入比率にどのような影響を与えるのでしょうか？　これらは、あなたがスプレッドを獲得する可能性にどのような影響を与えるのでしょうか？

　そして、非常に重要な問いは、幅広い範囲の結末に対して、適切に事前準備を行い、リスクヘッジをしているかどうかということです。例えば、あなたとあなたの家族に降りかかるかもしれない最悪のケースの金融ストレスシナリオに直面する準備が十分にできているでしょうか？　少なくとも、必ず検討しなければならないこととして示した考え方を思い起こして、あなたとあなたの家族が経験するかもしれない最悪の金融ショックを吸収し、その負担を軽減し、別の経路へと切り替える助けとなる有価証券担保ローンを必ず

設定してください。そして、将来のためのあなたの計画の策定を支援する、適切でプロフェッショナルなアドバイス（金融やその他の分野の）を必ず受けてください。

■ 最終的な考え方

　本書のような本で、戦略的借入哲学とその実践、借入れの意義に関連した重要事項についてのすべてを網羅することはとてもできません。代わりに、私が本書を執筆した目的は、多くの著者によって長らく広められてきた、すべての借入れを返済し、借入れから永久に距離を置くべきだという大半の大勢的なアドバイスにしっかりとした意図を持って反論するいくつかの有力な考え方を示すことでした。それにより、あなたとあなたの家族の長期的な幸福のために、あなたがこれらの考え方の実践を支援できる有能な専門家たちと協働することに導くことです。

　こうした考え方をまとめ、あなたに示すことで、バランスシートの両側の管理を最適化する際の、借入れの潜在的な意義を正確に理解していただく道筋に導くことを望んでいます。これらの考え方が、素晴らしい専門家による金融面での助言とともに、あなたの富の最大化、不必要な税の最小化、そしてあらゆる危機への十分な準備を支援しますように。幸運、健康、そして良い投資をあなたへ！[4]

◆ 第7章のサマリー──本書で示した重要な教訓のおさらい

・本書が購入する余裕がないものを購入するための本ではないことを理解することは極めて重要です。本書は、あなたが購入可能なものについて、より良い資金調達や支払いの方法を説明するための本です。
・戦略的借入哲学に関する5つの教義を思い出してください：
　1　局所的なアプローチではなく、全体的な（包括的な）アプローチを採

用しなさい。

2　企業のような思考と行動を探求しなさい。

・規模を問わず、ほぼすべての企業は、資産と負債の両方があるバランスシートに対して全体的なアプローチを採っています。

・もしあなたが公開企業のCFOであり、最適借入比率の達成に注力しなかった場合どうなるかわかるでしょうか？　そう、クビになるでしょう。

・企業が戦略的借入哲学に深くコミットし、その実践に意欲的に取り組んでいるとすれば、あなたは、現に生きている個人として、または家族の長として、少なくともこれらの考え方について検討すべきです。

・米国の公開企業が発行する社債は100％、元本一括返済方式となっています。

3　個人の借入れに関する一般的な見解の限界を理解しなさい。

・本当の問題は、戦略的借入れの利用に関する教育がほとんどの場合、なされていないことです。

4　自分にとっての最適な借入比率を目指しなさい。

・最適な比率を目指すことにより、それを達成する可能性が大幅に高まります。

5　開かれた心を持ち、問いかけを行い、どんな方法に効果があるか検証しなさい。

・財務的困難のリスクを直接的に減らすことは通常、簡単ではありませんが、本書で紹介している考え方と実践方法を採用すれば、多くの場合、その潜在的な影響、コストおよび期間を軽減することができます。

・戦略的借入れの活用から生まれる4つの重要な効果、すなわち借入利用の強みは次のとおりです。

1　流動性の向上：より容易に流動性資金基盤または現金にアクセスできる。

2　柔軟性の向上：財務的困難に伴う直接的および間接的コスト、その影響のレベルを軽減させるための選択肢が増える。

3 　レバレッジの引き上げ：好況時に、富の蓄積を高め、加速させること
　　ができる。

4 　持続可能性の強化：実際の生存の危機や生活水準の低下に直面する可
　　能性を低下させることができる。

・もしあなたが、本書で取り上げる他のいずれの提案も採用しないとして
　も、有価証券担保ローンを設定する適格性があるかどうかを調べて、資金
　が必要となる前に設定に必要な書類の準備を進めましょう。

・借入比率＝総借入れ／総資産

　・保守的な立場を採って、借入れを多めに見積っておく方が望ましい。

　・保守的な立場を採って、計算上は資産を少なめに見積もっておく方が望
　　ましい。

・借入返済の収益率は、税引き後の借入コストとちょうど等しくなります。

・もし、有価証券担保ローンを設定し**ない**ことを選択すれば、深刻な財務的
　困難に直面する可能性が高まります。

　・もし、私がある企業の社長ないしCEOで、その企業のCFOが与信枠
　　を設定しておらず、何らかの資金ニーズが生じたとしたら、私はどのよ
　　うな行動を採るでしょうか？　すぐに彼、ないし彼女をクビにするで
　　しょう！

　・同じ考え方は、家族のために与信枠を設定する必要性に関してもあては
　　まります。

　・多くの有価証券担保ローンは、常時利用されているわけではありませ
　　ん。しかし、ほとんどの有価証券担保ローンは、どこかのタイミングで
　　使われます。

・もしあなたが、平均的にみてスプレッドを獲得できると確信しているな
　ら、戦略的借入哲学を探求し、最適な借入比率を目指す価値があるかもし
　れません。もし、そうでないなら、借入れの返済を検討すべきです。

　・世界のどこかに、あなたが借入れに支払う実際のコストを上回る可能性
　　がとても高いと思う投資対象があるでしょうか？

　・マイナスのスプレッドを獲得する時期があることを理解してください。

すなわち、あなたの投資のリターンがあなたの借入れのコストを下回る
期間です。

・いつの時点でも借入れのコストを下回るパフォーマンスとなる資産があ
るであろうこと（いくつかの理論によれば必ずあること）を覚えておいて
ください。スプレッドを獲得するという戦略は、短い期間ごと、資産ご
とに計測されるべきではありません。

・**他のすべての条件が同じであるとすると、借入れを含むボラティリティ
の低い投資ポートフォリオは、借入れを含まないボラティリティの高い
投資ポートフォリオよりも優れている可能性があります。**

・あなたが欲しいと思う高価な商品や求めるライフスタイルに必要な資金を
調達するより良い方法があるかもしれません。

・あなた個人のバランスシートに対して、常に全体的な見方を採ってくだ
さい。

・高価な買い物をする際、戦略的借入哲学の実践を行うことで、はるかに
良い方法が見つかることがしばしばあります。

・資産の価値は、それを購入するためのファイナンスとは100％無関係で
す。

・あなたが資産を売却する時に受け取る価値は、その資産に対して融資が
組まれていたかどうかとは全く関係がありません。

・資金調達によって純資産の額は変わりません。

・退職後の収入獲得や、離婚後の状況整理について、関係者全員にとって
はるかに良い方法があることがしばしばあります。

・今後30年が、過去の30年と同じようになることはありえません。幅広い範
囲の結末に備えてください。想定する範囲の幅が広いほど、リスクは拡大
し、戦略が生み出す潜在的なリターンはより大きくなります。

・**何よりも重要なことは、行動を起こす前に、開かれた心を持ち、問いかけ
を行い、どんな方法に効果があるか検証することです！**

注

1. 「はじめに」では、本書は当初、適格投資家のために執筆されたと述べました。具体的には、居住用住宅を除き、100万ドル超の純資産を保有する人々です。この点について、ファイナンシャル・アドバイザーと、本書の考え方があなたに適しているかどうか議論をすべきです。「補論B」では、若く、まだスタート地点に立ったばかりの人や十分な純資産を持たない人が本書の考え方、実践、戦略を活用することに関して記述しています。

2. Zvi Bodie, Alex Kane, Alan Marcus, *Investments*, 9th ed.（New York: McGraw-Hill, 2011), 12.1「投資の行動学的な批評」.

3. www.federalreserve. gov/releases/z1/20110609/z1r-3.pdf
ここで示したケース・スタディは、教育目的かつ説明目的で使用されており、将来のパフォーマンスを示すものではありません。過去のパフォーマンスは、将来の結果を保証するものではありません。投資の結果はさまざまです。投資にはリスクが付きものです。顧客は個々に、特定の商品あるいはサービスに関連する契約条件およびリスクをファイナンシャル・アドバイザーとともに検討すべきです。本書の情報および意見は、特定の証券の売買の勧誘ではありません。すべての投資リターンは仮定であり、特定の証券、商品、投資戦略に関するパフォーマンスを示すことが意図されているわけではありません。本書は、短期間に、多額の借入れをさせるということを意図したものではありません。こうした行動は禁じられているだけではなく、本書を通じて詳細に論じたように、重大なリスクがあります。

4. 本章の内容は、他の章と独立したものではなく、本書全体の一部として、全体的に考慮されるべきものであり、独立の内容と考えられるべきではありません。これには、本書の至るところで示されている免責事項と、紹介している考え方に関するリスクについての議論が含まれますが、これらに限定されるものではありません。本書の内容は、あなた自身の状況、リスク許容度およびゴールに基づき、アドバイザーとの間で、さまざまな考え方のリスクと潜在的な恩恵についての思慮深い議論と会話をすることを促すためのものです。

納税もローンで賢く

納税資金にも有価証券担保ローン

　相続によって財産を受け取ったら、国によって定められたルールにしたがって相続税を納めなければなりません。また、相続した資産の組み替え等のために不動産を売却する場合もあると思います。その場合、譲渡所得に対する所得税の申告が必要になる場合もあります。

　実は、こうした納税資金は銀行では借入れが難しい場合が多く、やむをえず保有している有価証券もしくは不動産を売却して資金を用立てる方が非常に多くいます。

　この時、有価証券担保ローンを活用すれば、納税資金を準備することができます。保有しているポートフォリオを取り崩すことなく、納税手続きをすることができるのです。納税期限に間に合わせるために、やむなく株式や不動産等を売却する必要がありません。市場価格が売却希望価格になるまで、じっくり待つことができるのです。

　また、最近は「ストックオプション」と言って、報酬を自社の株式やその新株引受権の形で受け取るケースが増えてきています。ところが、その中には権利を行使して株式を取得するだけで所得が発生したとみなされて課税されてしまう種類のものがあり、何の現金収入もない状態なので納税に困ってしまうことがあります。そんな時、株式を担保に借入れを行うことができる有価証券担保ローンがあれば困りません。自社の株式を有効に活用するために非常に有効な手段と言えます。

最後に

　これからの人生100年時代においては、長期運用の観点から、資産だけでなく負債も含めた財産全体のリターンを意識することが大変重要になってきます。最近は若い世代から資産運用を始める方も増えていますが、そうした若い世代にとっても、いざという時はローンを活用するという選択肢を持って資産運用を行うことの価値は大きいのではないでしょうか。

（野村信託銀行前営業企画部長　四丸　勝貴）

第4部

補　論

「世界を知ろうとする者は、その細部を探求しなければならない」

ヘラクレイトス

借入れの種類

　世の中にあり、あなたが利用できる借入れにはさまざまな種類があることを総合的に理解することが重要です。このことは、戦略的借入れの具体的な実践や適用というより、より高次元あるいは大局的な取組みではありますが、他のすべての実務に関連し、その基礎となることからとても重要です。例えば、ある種類の借入れを返済すべきか否かという問いの答えは、多くの場合、どのような種類の借入れなのかによります。そして、最適な借入比率を達成し、その水準を維持することはとても重要ですが、繰り返しますが、不適切な種類の借入れを通してそれを達成しようとすることは望ましくありません。

　この目的のために、表A-1に、個人や家族が利用可能と思われる主な借入れの種類と、それぞれについての特徴をまとめています。

　表の一番左の縦の列にさまざまな借入れの種類を記載し、その右側にそれぞれの借入れの持つ以下の特徴について説明しています。

・**金利は魅力的な水準か？**：この種類の借入れの金利は、大抵の場合、魅力的な水準でしょうか？

・**所得控除が可能か？**：借入れの金利が所得控除の対象となる借入れは、非常に望ましいものです。属している所得税の区分にもよりますが、借入れの実質的なコストが、支払っている名目的な金利より大幅に低くなる可能性があります。控除の限度と控除分が代替ミニマム税（訳注：米国における高所得者の過度な節税を抑制する税制）に追加されるか否かを知っておく

表Ａ−１　借入れの種類とそれぞれの特徴

借入れの種類	金利は魅力的な水準か？	所得控除可能か？	分割償還を条件としているか？	担保が必要か？	固定金利か変動金利か？
一般的な住宅ローン	はい	可能（上限あり）	条件とする場合もある	必要	いずれも可
100％の不動産ファイナンス	はい	可能（上限あり）	条件とする場合もある	必要	いずれも可
有価証券担保ローン1	はい	タックス・アドバイザーに要相談	通常は条件としない	必要	通常は変動金利だが、固定金利も選択可能
ホーム・エクイティ・ローン	はい	可能（上限あり）	通常は条件としない	必要	いずれも可
一般的な銀行借入れ（例：自動車ローン）	時々	不可	条件とすることが多い	必要	いずれも可
個人向け無担保融資	いいえ	不可	通常は条件としない	不要／人的信用	通常は変動金利
学生ローン	はい（ただし種類によって異なる）	不可	条件とすることが多い	不要	通常は固定金利
クレジットカード・ローン	いいえ	不可	はい	不要	いずれも可、しかし固定金利型のカードであっても通常は変動要素がある

必要があります。

・**分割償還を条件としているか？**：分割償還が組み込まれた借入れは、可能な限り避けるべきです。分割償還は、柔軟性に乏しく、毎月の最低支払額が定められており、「柔軟性の向上」という借入利用の強みとは正反対に機能します。可能な限り、分割償還は避けるべきです。

- **担保が必要か？**：有担保借入れは、借入れを行うために投資ポートフォリオや不動産等の資産を担保に提供することを意味するため、あまり望ましいとは言えません。しかし、有担保借入れは、そもそも「担保」によって借入れとしてはじめて成り立っており、また通常は無担保借入れよりもより有利な金利で利用できます。ただし、有担保借入れは、結局のところ何らかのものをリスクにさらしているということは是非忘れないでください。

- **固定金利か変動金利か？**：借入れの金利が上昇しないということがわかっていることの安心感を好む人がいますが、固定金利を選択することは、実は、将来の金利上昇に対してある種の保険を購入していることになります。残念ながら、保険は時としてコストが高く、金利が上がらないという保証に対して本来必要と思われる以上に高い値段を払っているかもしれません。また、変動金利借入れの金利が実際に上昇する時は、あなたの投資ポートフォリオから得られる金利収入も同様に上昇する可能性があるという点を覚えておいてください。

　表の上の方に記されている種類の借入れの方が、一般的により望ましい種類の借入れです。まだ検討していない借入れの種類の一つに100％の不動産ファイナンスがありますが、これは第6章で詳しく触れたような投資ポートフォリオ資産の担保設定を伴うものです。通常の住宅ローンとこの100％の不動産ファイナンスは、魅力的な金利水準が期待でき、また所得控除が可能かもしれないことから、表の最上位に挙げています。次に有価証券担保ローンを挙げています。そして、ホーム・エクイティ・ローンも上限は定められているものの、所得控除ができることから、望ましい種類の借入れでしょう。

　次に、自動車やボート、他のぜいたく品などの高価なものを購入する際に利用する一般的な銀行借入れになります。一般的な銀行借入れでは有利なティーザー金利（訳注：借入当初一定期間適用される優遇金利）が利用できる場合もありますが、所得控除は認められず、通常は分割償還かつ担保が必要

になります。この種の借入れには思わぬところに落とし穴があり、注意深く吟味しなければなりません。次は学生ローンですが、常にではないものの大抵の場合、金利が好ましい水準ではなく、分割償還の条件付きです。

　最後の種類の借入れは、ほとんどすべて避けるべき種類ということになりますが、クレジットカードによる借入れです。多くのクレジットカード会社は低いティーザー金利を提供していますが、これは遅かれ早かれ支払いの遅延や滞納が起こると、金利が急上昇するということを期待しているからです。一種のゲーム感覚で、新しいカードを使って非常に低い金利で借入れを行い、そして金利が上昇する前に別の新しいカードからの借入れで返済しようとする人もいますが、仮に支払いを遅延せず、金利が上昇する前に全額返済したとしても、このような行為は、クレジット・スコアをめちゃくちゃにするため、全く試す価値はないと言えます[2]。

注

1．目的別ローンと特定目的のないローンについては「補論C」の重要な脚注を参照してください。
2．本章の内容は、他の章と独立したものではなく、本書全体の一部として、全体的に考慮されるべきものであり、独立の内容と考えられるべきではありません。これには、本書の至るところで示されている免責事項と、紹介している考え方に関するリスクについての議論が含まれますが、これらに限定されるものではありません。本書の内容は、あなた自身の状況、リスク許容度およびゴールに基づき、アドバイザーとの間でさまざまな考え方のリスクと潜在的な恩恵についての思慮深い議論と会話をすることを促すためのものです。

補論 B

若年層や資産が限られている人のための
戦略的借入れの実践*

*過去のパフォーマンスは、将来の結果を保証するものではありません。投資の結果はさ
まざまです。投資にはリスクが付きものです。投資戦略、商品、サービスがすべての投
資家に適するとは限りません。個々の顧客は、特定の商品またはサービスに関する契約
条件、リスクについてファイナンシャル・アドバイザーと検討する必要があります。本
書の情報および意見は、特定の証券の売買の勧誘ではありません。すべての投資リター
ンは仮定であり、特定の証券、商品、投資戦略に関するパフォーマンスを示すことが意
図されているわけではありません。本書は、短期間に、多額の借入れをさせるというこ
とを意図したものではありません。こうした行動は禁じられているだけではなく、本書
を通じて詳細に論じたように、重大なリスクがあります。

本書の「はじめに」の冒頭の部分で、戦略的借入れの考え方とその実践は
すべての人のためのものでは**なく**、実は、本書を最大限活用するためには、
以下の３つの前提条件があることを述べました。

1　開かれた心を持つこと。
2　進歩的で全体的な視点を持ち、開かれた心を持つファイナンシャル・ア
　ドバイザーやプライベート・バンカーと密に協働すること。
3　十分な流動性のある投資可能資産を保有していること。

「補論 B」は、これらの条件の中の３番目の条件に焦点をあてます。すな
わち、本書で示した考え方を実行に移すための十分な流動性のある投資可能
資産をまだ保有していない人に向けて書いたものです。当然ながら、独身で
あれ夫婦であれ、若ければ若いほど３番目の条件を満たす人は少ないでしょ
う。40歳以下の人や夫婦には、満たす人がほとんどいないことは驚くことで
はありませんし、30歳以下であればさらに少ないでしょう。

しかしながら、若くて必要な当初の資産をまだ保有していない、または、若くなくても本書で示した考え方や実践方法を有効活用するための上乗せされた資産をまだ築けていないというだけで、その人にとっては本書には多大な価値がない、ということではありません。これらの人を「出発点」、すなわち、本書の考え方を活用し始めることができるところまで引き上げるための8つのガイドラインがあります。これらのガイドラインは、長期的にみて有用で大きな価値を持つ経験則と考えましょう。

1　現在は資産形成段階である。
2　クレジットカードの借入れに注意する。
3　手元に十分な現金の準備をしておく。
4　退職関連の投資機会を最大限利用する。
5　投資資産の蓄積に注力する。
6　住宅ローン返済の優先度を下げる。
7　住宅を保有する代わりに借りることを検討する。
8　有価証券担保ローンの活用は少額の資産でも大丈夫かもしれない。

ガイドライン1
現在は資産形成段階である

あなたの年齢や現在の地位がどうであれ、現在は本書の考え方や実践方法を最大限に活用できるようになる**投資可能資産の水準に向けた資産形成段階である**と考えましょう。つまり、本書の考え方を活用**できる**ところまで**到達する**と仮定し、そしてその準備に励みましょう。

ガイドライン2
クレジットカードの借入れに注意する

さまざまな情報ソースから間違いなく聞いたことがあると思いますし、ま

た「補論A」でもすでに議論したように、**クレジットカードの借入れは事実上常に悪い借入れです**。したがって、できる限り避けるべきですし、可能な限り早く返済すべきです。クレジットカードの借入れは金利が高く、延滞するとさらに高い金利がつきます。また、税制面での優遇もなく、毎月支払う必要があるために、あなたの柔軟性を制限します。また、第5章で議論したスプレッドを獲得して資産を増加させるという考え方に関連して言えば、クレジットカードで借りたお金のコストよりも高いリターンをあげることは非常に難しいことです。

　しかし、**クレジットカードを保有すること自体は良いことです**。クレジットカードを利用して毎月きちんと支払えば、住宅ローンやビジネスローン等を組む時に重要となるクレジット・スコア（訳注：米国における、クレジット・ヒストリーから個人の信用力を測る指数）が改善するからです。また、緊急時や利便性の理由から少なくとも1枚のクレジットカードに大きな与信枠を持っておくことは良いことですが、すべてのカードについて、カードで利用できる与信枠の50％以上を使うことは、クレジット・スコアを大きく傷つける可能性があることから、絶対避けるべきです。

完璧なクレジット・スコアのための努力

　完璧というのは背伸びしすぎかもしれませんが、最低でも800以上のクレジット・スコアを目標とすべきです。Al Bingham の著書「*The Road to 850: Proven Strategies for Increasing Your Credit Score*」を読むことを検討してみてください。この目標を達成するためには、以下のようないくつかのステップがあります。

1　クレジットを責任持って利用する。
2　利用可能なクレジットの50％以上は絶対に利用しない。
3　期限を守って、毎月全額を支払う。
4　カードを持ちすぎない。1、2枚のメインのカードと2、3枚のお

店関係のカードに留める。

5　同じカードを長期間利用し、頻繁に切り替えない。

6　クレジット監視サービスの利用を検討する。

■ ガイドライン3
手元に十分な現金の準備をしておく

　自動車エンジンのガソリンの量を極端に少なくしたくないのと同じように、手元にある現金の量も極端に少なくしてはいけません。したがって、どんな個人や家族でも、緊急時のために、3カ月から6カ月分の現金の備えを手元に置くか、もしくは即座に入手できるようにしておくべきです。例えば、住居費、食費、被服費、交通費、娯楽費等のすべての生活費の総額が平均して1カ月に約5,000ドルだとすれば、1万5,000ドルから3万ドルの現金の備えを持っておくべきです。

　このような現金は、「しまった」の時のための資金と考える人もいます。何かが起こった時、例えば、やむをえず退職させられたり、自発的に退職したり、急に旅行をして友人や家族のところに行きたくなったり、現金でしか対処できない緊急事態や突然のチャンスに直面したりした場合、「しまった！ でも必要なことをやるしかない」と言うことができます。もちろん、映画やテレビで見かける弾が尽きない銃と違って、撃つことのできる現金の弾丸の数には限りがあります。したがって、「しまった」の時のための資金は、絶対に使う必要がある時に**だけ**使うことにしてください。

　3カ月から6カ月分の現金の備えに加えて、今後24カ月以内にかかる費用も、手元の現金（あるいは短期の譲渡性預金）で持っておくべきです。これには、教育費や住宅の大幅な修繕費、車の修理等の費用が含まれます。24カ月という期間におけるリスクとリターンのトレードオフは、リスクを正当化するには低すぎます。

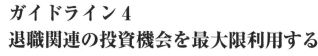

失業に備える！

　職業人生のどこかの時点で失業することは、可能性の高いシナリオとして常に想定しておきましょう（経済学者が言うように、失業は外因的なショックではなく、内因的なショックとして考えるべきでしょう）。すべての世代の人にとって、とりわけ20代と30代の人にとって、健全な現金のクッションを持ち、しっかりとした代替策を持っておくことの重要性は強調してもしきれません。

ガイドライン4
退職関連の投資機会を最大限利用する

　十分な現金の備えを確保したら、特に401k（訳注：日本における企業型確定拠出年金に相当）のようなマッチング拠出ができる退職年金プランがある場合には、加入資格のある退職年金プランに最大限拠出しましょう。IRA（訳注：日本における個人型確定拠出年金に相当）やSEP IRA（訳注：IRAの職域版制度。企業が従業員のIRAに拠出）の加入資格がある場合には、同様にこれらの年間拠出上限金額まで拠出することも一般的に良い考えでしょう。グローバルな視点での資産配分とリスクについては、「補論C」を是非読んでください。野球でたとえると、ヒットを狙う、ホームラン狙いのような大振りはしない、過度なリスクは取ってはいけません。あなたが行う投資ポートフォリオの取引は、あなたが望んでいる資産配分に戻すためのリバランスの役割になる可能性が高いでしょう。

ガイドライン5
投資資産の蓄積に注力する

　本書で示している考え方のメリットを最大限引き出すためには最低限の流動資産が必要となることから、手元に現金の備えを確保し、退職関連の投資を最大限利用した後は、本格的に非課税の投資資産を積み立てるべきです。（ドル・コスト平均法と呼ばれる、毎月一定額ずつ積立投資するような）少額積立投資は、あなたが想像する以上に目標達成を促進するものです。

流動性のある税引き後の投資の積立

　本書で何度も強調しているように、若年層の大多数が、流動性のある税引き後の投資ポートフォリオよりも借入れを返済することを重要視しています。本書ですでに議論したことを常に念頭に置くようにしてください。

・資産の価値は、その資産について負っている借入れとは独立したものです。
・分割償還は鼻持ちならない（それは、財務的困難のリスクやコストを増大させ、貯蓄を減少させ、資本を固定資産に縛り付けてしまいます）。
・借入れを返済することによる収益率は、税引き後のその借入れのコストとちょうど等しい。

　注：分割償還は、利子返済のみの借入れに伴うリスクや責任を請け負うための規律を持っていない人にとっては、間違いなく適切でしょう。利子返済のみの借入れはリスクを伴うので、分割償還払いをする場合の返済額との差額分は、使うのではなく貯蓄することが前提となっています。

ガイドライン6
住宅ローン返済の優先度を下げる

「補論A」や本書の他の至るところで述べてきたように、住宅ローンの一般的な金利の低さや税制的な優遇状況を考慮すると、焦って住宅ローンの元本を返済する必要はありません。住宅ローンを返済するよりも、流動性のある現金の備えを蓄積し、退職関連の投資を最適化し、そして投資資産の積上げを始める方が一般的により望ましいでしょう。例えば、もしあなたが55歳で25万ドルの資産を持っていると仮定すると、その保有資産からだけでは十分な収入を生み出すことはできないため、課題を抱えてしまうでしょう。このような場合には、住宅ローンを返済するよりも投資ポートフォリオの積上げの方が、はるかに望ましいということに何の疑いもないでしょう。

ガイドライン7
住宅を保有する代わりに借りることを検討する

まだ持家がない場合、特に若年層は、焦って一軒家やマンション、アパートを購入する前によく考えましょう。人はよく、何か重要なものを所有していると感じたい、あるいは賃借にお金をつぎ込みたくないという理由だけで、住宅を保有したいと思います。しかし、最低でも3年、理想的には5〜7年あるいはそれ以上、住み続ける予定がない限り、一般的には採算があわないでしょう。若年層は頻繁に引越しをする傾向にあります。また、住宅を保有することのメリットを過大評価し、賃借によって生まれる柔軟性を過小評価しがちです。

住宅を保有することには、多くのリスクがあります。まず、明らかに価格変動リスクがあります。もしあなたが40万ドルの家を購入して価値が10%下がった場合、4万ドルを失ったことになり、それはあなたの純資産のかなりの割合になるでしょう。価格変動リスクに加えて、購入時の取引費用や、新

しい屋根が必要になるなど住宅に何か大規模な改修が必要になるリスク、確実に必要となる日々の維持費用が挙げられます。維持費用は、長期的にみると年間で建物代金（土地の代金を除く）の約３％になるという調査結果があります。住宅を売りたくなった場合には、さらに取引費用（不動産業者に対する６％の手数料など）がかかるため、売り手が利益を得ることを難しくするでしょう。

　住宅を保有することの最も大きなデメリットの一つに、柔軟性が減ることがあります。いったん住宅を保有してしまえば、あなたの自己資金の多くが住宅に固定されるため、他の住宅に引越をすることは難しくなります。もしあなたが、他の住宅を購入するためにブリッジローンを組むとしたら、それは借入額が増加して借入比率が上昇してしまうことになり、あなたの財務的困難のリスクとコストが高まってしまいます。このような柔軟性の欠如は、あなたのキャリアやあなたの愛する人の人生に影響を及ぼす可能性があります。

　ここで、住宅を短期間保有する２つのケースを見てみましょう。幸運なケースと不運なケースです。

例１　幸運なケース

（単位：ドル）

購入価格	500,000
入居に関連した費用	15,000
年間の維持費	10,000
売却価格（３年後）	600,000
売却に伴う手数料等（６％）	36,000

　この幸運な人は500,000＋15,000＋30,000（３年間の維持費）＋36,000（手数料）＝58万1,000ドルを使い、60万ドルを受け取っています。後の差し引き利益は、ちょうど１万9,000ドルになります。しかし、ちょっと待ってください。住宅ローンや住宅所有者組合費、保険料、固定資産税もかかったは

ずです。また、自己資金が住宅に固定化されることの費用（時に自己資本の機会費用とも呼ばれます）もかかります。これらの費用は概算で年間6％程度はゆうにかかり、税のメリットが2％だとすると、差し引きの費用は4％、年間で2万ドルになります。そう考えると、総コストは20,000×3＝60,000－19,000（利益）＝4万1,000ドルとなり、月次換算すると約1,138ドルになります。言い換えると、売却益が出たにも関わらず、月額1,138ドルの家賃の家を借りていたのと同じ状況なのです。

例2　不運なケース

(単位：ドル)

購入価格	500,000
入居に関連した費用	15,000
年間の維持費※	20,000
売却価格（3年後）	450,000
売却に伴う手数料等（6％）	27,000

(注)　※は日常的なメンテナンスに加え、不幸にも改修が必要になったと仮定

　この不運な人は500,000＋15,000＋60,000（3年間の維持費）＋27,000（手数料）＝60万2,000ドルを使い、45万ドル受け取っています。3年間で15万2,000ドル失い、加えて住宅ローン、住宅所有者組合費、保険料、固定資産税が発生しました。これらの費用を例1と同様に6万ドルとすると、この住宅保有者は、約21万ドルの費用、月次換算で5,833ドルの費用がかかったことになります。この人が、仕事や愛すべき人のために簡単に引っ越すことができるでしょうか。この状況における間接的なコストは、どのようなものでしょうか。

　住宅の賃借は、ある意味でプレミアムを支払い、また住宅ローンの税控除を受けないことになりますが、メリットはコストとの兼ね合いで考えなければなりません。住宅を保有することには、直接的、間接的コストがより高くなり、期間がより長くなる、より深刻な影響レベルの財務的困難に陥る可能

性を実は高めるという罠があります（財務的困難や、そのコスト等の説明については、第2章を参照してください）。

住宅を借りるか買うか

　人生におけるほぼすべての事柄について、特に住宅を借りるか買うかについては、「良い」「悪い」という表現は忘れましょう。私（著者）が教壇に立つ時には、400万ドルで売りだされている住宅と、家賃月1万2,000ドルの住宅を比較検討している有名な著書の事例をしばしば取り上げます。両方のケースの数字の背景を理解できれば素晴らしい！

・住宅を借りるか、買うか？
・その判断における前提は何か？
・期待（インプライド）資本コストはどのくらいか？
・毎月1万2,000ドルを支払っている人は、お金を家賃として投げ捨てていることになるのか？
・家を借りる人と購入する人の柔軟性の違いは何か？

ガイドライン8
有価証券担保ローンの活用は少額の資産でも大丈夫かもしれない

　本書で紹介している考え方の一つである有価証券担保ローンを利用するために必要な投資可能資産の最低額は、あなたが思っているよりかなり少額かもしれません。例えば、もしあなたが適格投資資産を20万ドル持っていて、最大10万ドル借りられる有価証券担保ローンを設定したとすると、このようなある種のクッション（緊急時にこのような流動性のある現金を用意できること）は、非常に役に立つものです。どんな形であれ、何らかの信用枠を持っ

ておくことは重要なことです。例えばホーム・エクイティ・ローンやクレジットカード、有価証券担保ローン。この３つをすべて持っておくことにはメリットがあります！[1]

注

1. 本章の内容は、他の章と独立したものではなく、本書全体の一部として、全体的に考慮されるべきものであり、独立の内容と考えられるべきではありません。これには、本書の至るところで示されている免責事項と、紹介している考え方に関するリスクについての議論が含まれますが、これらに限定されるものではありません。本書の内容は、あなた自身の状況、リスク許容度およびゴールに基づき、アドバイザーとの間で、さまざまな考え方のリスクと潜在的な恩恵についての思慮深い議論と会話をすることを促すためのものです。

保証はない
——狂気の世界における投資リスクの抑制

　投資や金融に関する書籍には必ず、「過去のパフォーマンスは、将来のパフォーマンスを示すものではない」「本書で推奨している特定の投資が成功する保証はありません」というような、数多くの免責事項が見受けられます。そうした免責事項はまさに真実であり、非合理的な期待から、投資家と投資家のファイナンシャル・アドバイザー（そしてアドバイザーが所属する会社）を守り、適正な警告を与えることを目的としています。そこでまず、投資とパフォーマンスには、最終的な保証は決してなかった（今後もないし、ありえない）ことを忘れないでください。

　また、本書は、最初から明らかに示したように、戦略的借入れの賢明な利用と、それに関連するすべての考え方と実践方法についての詳しい手引書、あるいはハウツー本ではなく、そうした意図のものではありません。代わりに、本書は、新しい考え方やものの見方の出発点であり、それを踏まえてあなたが**あなたのアドバイザーと検討すべき**ものであると考えてください。広い意味での保証はありませんが、あなたが、有能で、誠実で、善意を持つファイナンシャル・アドバイザーやプライベート・バンカーと協働することによって、自分と家族のために、適切な短期的、長期的な行動を採れる可能性が劇的に高まります。

　どのアドバイザーと協働する場合でも、あなたとあなたの家族、そしてあなたのアドバイザーのいずれもが知っておくべき、リスクに関する多くの基本的な概念があります。そこで、ここでは、リスクの性質を簡単に検討したうえで、今日、私たちが置かれている歴史的な立ち位置と、今後の行方（第

5章で概要を述べた）について述べ、次に、狂気の世界で投資をすることの
リスクを抑制するために、あなたがとりうる多くのステップを説明し具体的
な方法を示します。

リスクを伴うビジネス

　私たちは本質的に不確実な世界に住んでいます。次に何が起こるかわから
ないばかりか、近代の物理学によると、原則として**次に何が起こるかを知る
ことは不可能です**。このことは、道を歩いていても、苦労して稼いだお金を
老後のために投資していても、同様にあてはまります。特定の株式投資に関
して、次に何が起こるかを、あなたが知ることができない理由や背景につい
ての詳しい説明については、バートン・マルキールの素晴らしい著書
『ウォール街のランダム・ウォーカー』（井出正介訳、日本経済新聞出版社、
2016年）を参照してください（1993年に初版が、この本の執筆時点では第10版が
出版されています）。

　先に第4章で、**内因的**リスクと**外因的**リスクの概念について検討しまし
た。内因的リスクとは、あなたの内部から発生するリスクを意味し、外因的
リスクとは、あなたがベースとしているモデルの外部から発生するリスクで
す。例えば、あなたは、山岳リゾートで働いていて、スキーでパトロールを
しながら、雪崩が起こりそうな場所を他の人々に知らせることが仕事だとし
ます。確かに、あなたには雪崩が起こるかどうか、いつそれが起こるかは知
ることはできませんが、発生するリスクがあることは知っているので、何が
この内因的リスクの要因になりうるかを評価することができます。

　一方で、外因的リスクも存在する可能性があります。あなたが、雪崩が起
こらないと思っていた山の一角に隕石が落ちて雪崩が起こったとします。そ
の隕石は、誰もが合理的に予想できる範囲を超える外因的リスクですが、こ
のシナリオでは実際にそれは起こりうるリスクです。残念ながら、外因的リ
スクを発生する前に認識することは非常に困難で、また、たぶん原則として

不可能です。私たちは、自分が知らないことを知らないし、またある意味では、自分が知らないことを知ることはできません。

　したがって、投資は究極的に常にリスクのある行為ですが、リスクなしにはリターンもありません。リスクを抑制するためにできることをするのが私たちの責務です。それは、リスクの性質を認識し、同様にリスクの性質を認識している者と協働して、この補論の最後の節で説明するような多くのステップを率先して実行することを意味します。

あなたは将来に備えていますか（第5章の拡張）

　本書で紹介された考え方は、いかなる経済環境においてもリスクを伴っています。私が著者として最も懸念することは、投資家が、直近のデータに基づいて、例えば近年経験した平均リスク、リターン、相関関係の想定に基づいて、将来のリターンの推定の根拠とすることによって、自らのスプレッドを獲得する能力について判断する可能性があることです。金融業界や学界は、彼らの金融モデルにおいてこのような想定をしすぎています。私が懸念するのは、過去が将来を示すものではないかもしれないので、この想定が重大な間違いになるかもしれないということです。私の目標は、リスクに関する読者の世界観を根本から変えることです。

　はっきりと理解するためには、最近の米国経済の歴史を検証することが不可欠です。確実に言えることは、近年のデータのほとんどは繰り返し起こることはなく、多くの場合、次の30年では逆のことが起こる可能性があるということです。したがって、将来に備えるためには、さまざまな場面の経済の歴史を考慮しなければなりません[1]。

　1980年から2013年にかけては、金利はおおよそ高い水準から低い水準に推移し、インフレ率は高い水準から低い水準に推移し、そして政府の債務は低い水準から高い水準に推移しました。金利がさらに低下することはないとは言えませんが、金利が10％台半ばから2％（そして、それ以下）に推移する

という経済現象が、同じ大きさで繰り返されることはありえません。

　過去30年間にわたって、消費者の借入れと政府の支出はともに、低水準から高水準に推移しました。政府の借入れは、1980年の比較的低い金額から、今日では17兆ドルに迫る（絶対額および相対値ベースで）膨大な額に達しています[2]。1980年代の初頭には、ベビーブーマー世代が、ちょうど職場に進出し始め、完全に雇用されていましたが、今日、同世代は完全に引退しつつあります。こうしたデータの傾向もまた、今後30年間に同じ水準で繰り返されることはありえません。

　出発点が異なることを認識したうえで、投資家は、他の数々の経済の歴史を研究し、そこから私たちの将来がどのようになるのかを理解しようとする必要があると考えます。経済の歴史を学び、理解することが重要であると考えるのは、当然ながら著者だけではありません。ロゴフとラインハートの著書『国家は破綻する─金融危機の800年』をはじめとして、議会予算局（CBO）、行政予算局、米国財務省、そして何よりも国際通貨基金の2012年World Economic Outlook の *Coping with High Debt and Sluggish Growth* に至るまで、異なる出発点の概念が詳しく検討されています[3]。

　では、私たちがさまざまな場面の経済の歴史を検証するとすれば、どこをみればよいでしょうか。日本、アルゼンチン、そして欧州の経済の歴史は、米国が次の時代に直面するかもしれないいくつかの課題を示しているかもしれません。

・日本が1980〜2000年に経験したデフレは、ダウ平均株価がおよそ7,000ドル、金利が2％以下の水準に留まる状態にほぼ匹敵します。こうした状態が、しばしば「失われた10年」と呼ばれる、日本経済の緩やかな崩壊をもたらしました[4]。

・アルゼンチンは1990〜2000年に、インフレ、ハイパーインフレ、そして通貨の切下げを経験しました[5]。

・欧州の経済危機は、株価の低迷、金利の上昇、GDPの縮小（スペイン、ギリシャ、イタリア）が特徴でした。

しかもこれらは、全体的なリストではありません。投資家は、第一次世界大戦後のフランス、第二次世界大戦後の英国（特に、準備通貨としての立場を失った原因とそれによる影響について）、1990年代終盤の東アジアにおける危機、について学ぶべきです[6]。歴史を振り返ってみると、重大な債務問題に直面した国においては、大抵の場合、問題は最終的に、債務不履行、成長、インフレ、通貨の切下げの組合せによって解決されています[7]。

米国の経済状況と、前述の国々の間には大きな違いがあります。一方で、類似点も多く、経済の歴史からは重要な教訓が得られます。米国の運命が、これらのケース・スタディのどれかと全く同じになる可能性は低いですが、同様に、今後の30年が過去の30年と同じようになる可能性も、ゼロではないにしても、極めて低いのです。私たちは見方を変えなければなりません。

では、次の時代はどのようになるのでしょうか。そして、それに備えるためには、どのような資産配分をすべきでしょうか。これまでに注目する機会がなかったとしたら、財政の崖とわが国の経済のショックに対する影響の受けやすさについて学ぶことで、確実に考え方が変わるはずです。2012年の財政の崖の議論は、なぜそれほど重要だったのでしょうか。また、それは実のところ何を意味するのでしょうか。

財政の崖をめぐる議論は、過去に制定された法律の要請により、増税と歳出の削減によって財政赤字が大幅に減少する可能性に関するものでした。多くの経済学者たちは、財政の崖は、わが国の経済成長の標準的な指標であるGDPの変化の引き金になると考えていました。GDPは、GDP＝消費（C）＋投資（I）＋政府支出（G）＋（輸出－輸入）という簡単な式を用いて計算されます。私たちは、わが国の経済は、GDPのわずかな変化に対してでさえ、非常に敏感な反応を示すことを覚えておく必要があります。

財政の崖が2012年に大きな話題となったのは、ほとんどの経済学者が、強制的な緊縮財政が政府支出（G）の減少につながり、増税が消費（C）の減少につながると考えていたからです。予想はまちまちでしたが、財政の崖が、経済の回復がすでに脆弱な中にあって、深刻なリセッションを引き起こす可能性があるというのが経済学者たちの懸念でした。一部の経済学者は、

GDPが例えば2％で成長し、緊縮財政によって経済が4％縮小すると、他の条件はすべて同じとして成長率が－2％（＝2％－4％）になると懸念していました。最も重要なことは、財政の崖が、わが国の経済を成長から収縮にシフトさせるのに十分かもしれないという懸念でした。議論の中心は主として、はたして今、長期的な問題に対応する措置を採るべきなのか、もしくはこの期間はこのまま継続し、後で政策変更を実施すべきなのか、ということでした[8]。

過去10年間にわたって米国の債務と財政赤字に起こったことは、決して些細なことではありません。さらに悪いことに、米国はそれを予想していませんでした。実際、CBOの予想は正反対でした。CBOは2002～2011年の累積黒字が5.6兆ドルに達すると予想していました。実際には、米国の累積赤字は6.1兆ドルとなり、予想に対して11.7兆ドルの債務の増加になりました。これは驚くべき誤りです[9]。

2000年には、米国はおよそ5.7兆ドルの債務を抱え、財政はおよそ2,360億ドルの黒字を計上していました。2013年には、米国は16.5兆ドルを超える債務を抱え、財政赤字は4,000億ドルで、この年間赤字の額は、将来的に当面ずっと続くと予想されています[10]。債務と財政赤字がそのように劇的な増加をみせた後では、債券の購入者は、本質的にリスクがより高い主体に資金を貸していることになるので、金利は上昇したはずだと直感的に思うかもしれません。ところが、実は金利は実際には低下したのです[11]。

こうした米国の経済の現実を理解することは、私たちが、以下のようないくつかの重要な疑問を提起する際に役立つでしょう。

・投資家はなぜ、2000年には平均6％程度の金利を要求していたのに、今では2％以下の金利を率先して受け入れるのか。

・2000年の金利は高すぎていて、投資家はリスクに対して過度に高い金利を受け取っていたのか。あるいは、今日の金利が低すぎていて、投資家はリスクに対して全く不十分な金利を受け取っているのか。誰かが間違っているのか。

それでは、ショックに対する米国経済の感応度を測るためにストレステストを行ってみましょう。まず、CBO の主な想定前提をみることから始めるのがよいでしょう。CBO は、米国経済の金利は横ばい、あるいは緩やかに上昇する（5％を超えることはない）、失業率は低下する、GDP は持続的に成長する（次の10年間にわたっておよそ62%成長する）、FRB（連邦準備制度理事会）はインフレ率を低水準に安定させる、と想定していました。CBO はまた、連邦政府の歳入は次の10年間にわたっておよそ100%増加すると想定していました[12]。

　こうした想定に基づいて、CBO は、米国は2023年に、およそ20兆ドルの債務を抱え、財政赤字は年間およそ1兆ドルになるだろうと宣言したのです[13]。これはあくまでも公的債務であり、政府が職員や市民に対して負う未積立の年金債務や数々の「バランスシートに計上されない」債務は一切含まれていない点に注意してください[14]。

　一方で、CBO の想定が間違っているとすればどうでしょう。CBO のそれぞれの想定についてストレステストを行うべきです。例えば、もし名目GDP の平均成長率が2％あるいは3％に近いとすれば、歳入や GDP に対する債務の比率への影響はどうでしょうか。あるいは、もし金利の上昇が加速した場合はどうでしょうか。金利上昇のショックは説明するのにわかりやすい事例なので、検討の出発点として適しています。

　仮に、11.5兆ドルの公的債務の政府の平均借入れコストが2％から6％に変動したとします。その結果、金利費用の増加は、考え方として11.5兆ドル×4％となり、すなわち年間費用が4,600億ドル増加します。他の条件がすべて同じであれば、このことは経済的には、歳入を増やさざるをえない（増税）、政府の支出を減らす、あるいは財政赤字が増える、という3つの可能性に導きます。

　問題は、4,600億ドルは本当に大きな金額だということです。実際、デビッド・ワッセルによると、「2011年の大統領から空軍のパイロット、郵便局員に至るまですべての連邦政府の職員の賃金と手当は4,350億ドルだった」とされています[15]。つまり、仮にすべての軍の隊員を含むすべての連邦政府

の職員を解雇したとしても、財政赤字と債務の額はそれでも変わらないということです。実際には、正確に言うと年間およそ250億ドル増加することになります。

　明らかに、賃金の削減からすべてをまかなうことはできません。そこで問題となるのは、どこを削ればよいのか、どの歳入によって相殺するか、そしてその結果GDPはどうなるか、ということです。財政の崖の教訓を活かすことで、このシナリオを理解しようとすることができます。年間1,000億ドルの問題に対応することがいかに困難だったかを思い出してください。このショックは、その4倍以上です。

　他の条件がすべて同じだとすれば、増税はGDPの減少につながり、政府の支出の減少もGDPの減少につながります。このことは、レバレッジが高水準な国は、金利が上昇しGDPが縮小するシナリオに直面する可能性があることを意味します。財政赤字に陥ることによって、他にも悪影響が生じてくる可能性が高まります。また、このすべてのことは、インフレや通貨の価値に影響を与えるでしょう。

　FRBが望まなければ金利の上昇はありえないと信じている人は、このような議論に反論するかもしれません。不思議なことに金利が歴史的にみて低い水準に近いのであれば、米国は長期の資金を借りて、その低い金利を確定させると思う人がいるかもしれません。しかしながら、実は、2012年9月30日時点で公に保有されていて市場に流通している米国の国債のうち6.255兆ドル（全体の58%）は、4年以内に満期を迎えるものでした。米国は、この6.255兆ドルの負債のリファイナンスに加えて、持続的な財政赤字を埋め合わせるために必要な額の国債も売らなければならないのです[16]。

　したがって、金利の上昇と国家債務の拡大が見込まれる間は、およそ10兆ドルの国債を誰かに売ることになるというのが私たちのベース・ケースになります。これはいったいどのようにして実行され、誰がこれほど大量の国債を購入するのでしょうか。

　およそ5.6兆ドルの米国債は、海外の投資家によって保有されています。外国政府は今日、2000年の米国債の発行残高総額を超える額の米国債を保有

しています。2012年には、中国が米国財務省証券の保有残高を削減するというとても重大な出来事がありました[17]。米国が債券の発行を続けなければならず、主要な買い手の一部が売り手になりつつあることがわかっているのであれば、少なくとも、金利が上昇する可能性があるのではないかという疑問を持たなければなりません。

このような状況を、前述の国に関する議論に関連づけた時に、興味深いのが、最近（訳注：2011年から2012年にかけて）のスペインの例です。過去数年にわたるスペインの経済環境は、私たちが将来直面する脅威を一部示しているかもしれません。スペインは、増税による消費（C）の減少、緊縮財政政策による政府の支出（G）の減少と自信の喪失による投資（I）の減少に直面してきました。これは、もちろん、GDPの縮小につながっています。同時に、世界の市場が懸念を高め、金利は全体的に上昇しています。失業率は上昇の傾向にあり、住宅価格は下落の傾向にあります[18]。

これらはいずれも具体的な予測を意図したものではなく、私たちが直面する可能性があるさまざまな経済環境について議論をするためのものです。重要なことは、金利の上昇、GDPの縮小、株価の下落、失業率の上昇、住宅価格の下落といったさまざまな問題に直面する可能性は、あなたの投資戦略だけでなく、戦略的借入哲学にも極めて大きな影響を与えるということです。それと同じことが、長期間にわたるデフレ、あるいはインフレまたはハイパーインフレにもあてはまります。いずれの場合も、最近のデータの利用には注意を払い、私たちが直面する可能性がある広範囲にわたる結末を考慮したシナリオを検討してください。

> 過去30年間の米国の経済の歴史は繰り返すことはありえません。投資家は、この期間に基づいて投資の判断を行ってはいけません。

これらの点を踏まえて、投資家は、次の5つの主要なポイントを考慮することによって、直面する可能性があるさまざまな環境に対応できる投資ポートフォリオを構築すべきです。

1 　ゴールベースのアプローチに基づいて資産配分を行い、適切な口座設定を行う。
2 　攻守をともに取り入れる。
3 　世界観を見直し、ホームバイアスをなくす。
4 　率先して自分の投資ポートフォリオにストレステストを実施し、借入比率と借入戦略を検証する。
5 　投資ポートフォリオに反脆弱性を持つものを含める。

　投資家は、ゴールベースのアプローチに基づく資産配分を受け入れ、口座を適切に設定することを検討すべきでしょう。投資家は通常３つの目標を持っています。まず、**安全**は、投資リターンがインフレ率に負けないことが測定の基準です。次に、**投資の中核**は、インフレ率＋４％のリターンを目指します。そして、**戦術**は、投資家がより高い潜在リターンを得るためにより多くのリスクを自発的に取る対象の資産があてはまります。

　投資家は、非常時に備えて、少なくとも３カ月から６カ月分の現金の備えを保有することを検討すべきです。翌年に必要になる追加資金も、また現金として保有すべきです。今後５年間に必要になる資金は、安全を目標として投資した方がよいでしょう。ここから先は、あなたがあなたのファイナンシャル・アドバイザーとともに、自分のニーズとリスク許容度を吟味したうえで安全、投資の中核、戦術、の配分を決めることを勧めます。

　あなたのファイナンシャル・アドバイザーは、的確な投資、口座ごとに決められた目的、ダイナミックなリバランシングを達成するために、最新のテクノロジーを用いてプロアクティブに投資を変更することを可能にするリスク・ダッシュボードを用意すべきです[19]。こうしたことは、口座の設定が適切でない場合、一切できません。資産は、運用者が前述のすべてを実践できる総合口座に保有されるべきです。投資ポートフォリオは、投資家が決めた目標と資産クラス間の相対的な動きを踏まえてダイナミックにリバランスされるべきです。

　私は、投資家に対して現金の保有を促しているわけではありませんし、同

様に、投資家はあわててすべての資金を債券に投じるべきではありません。歴史を振り返ると、保有する2,000万ドルの債券が、非常に短期間にわずか600万ドルになってしまった投資家の例もあります[20]。アドバイザーは、どのように投資ポートフォリオを構築するか、また何に基づいて見通しを形成するのか、一つ一つの要素の検証に多大な時間を費やす必要があります。マイナス面の検証と同様に重要なことですが、投資家は、より高リスクな資産の持続的な価格上昇の可能性を享受できるようにしておかねばなりません。投資家が勝つためには、攻めと守りの両方ができなければなりません！

　投資家はまた、資産配分において自国の比重を過度に高めてしまう作用であるホームバイアスを認識しておかなければなりません。ホームバイアスは、ほとんどの投資ポートフォリオにみられる重大な欠陥です。極端な例ではありますが、ギリシャの例は、ホームバイアスの痛みをはっきり示しています。誰かが、ギリシャ株を60％、ギリシャ債を40％保有していようが、ギリシャ株を40％、ギリシャ債を60％保有していようが、違いはありませんでした。企業規模や投資スタイル、企業の選択は、ほとんど関係はありませんでした。重要なのは、投資家がギリシャにどれだけ資金を投じていたか（あるいは、実際のところ投資家がギリシャ以外にどれだけ投資をしていたか）でした。驚くことではありませんが、米国の投資家は、一般的に資金のおよそ85％以上を米国に米ドル建てで投資しているようです。

本当に分散されているでしょうか？

　著者がみかける投資ポートフォリオの多くは、株式70％／債券30％から株式30％／債券70％の範囲に収まっています。そして債券は95〜100％が米国のもので、株式は70〜90％が米国のものです。これをおしなべて見ると、米国の投資家のほとんどは自分の資産の80％以上（一般的には90％以上！）を米国内の資産で保有していることになります。もしあなたの資産配分がこのようであれば、より熱心に経済の歴史を学ぶことを検討することをお勧めします。経済の歴史には、ホームバイアス

を持った人たちが、自国が経済危機に見舞われた時に大損害を被った事例が数多く存在しています。

投資家は、世界の状況と自ら選んで保有する資産クラスの状況を、絶えず評価していなければなりません。社債、ハイイールド債、地方債といった保有資産は、私たちが直面しうるさまざまな経済環境の状況に対して、注意深く分析される必要があります。同様に、長期国債、中期国債、物価連動国債（TIPS）についても、幅広い結末を想定して検証する必要があります。これらの資産クラスを継続して保有している投資家は、今後5年間にわたる経済のファンダメンタルズと需給の特性の両方を熟慮する必要があります。

極めて重要なのは、借入額とそれに対応する借入比率については、注意深く検証し、さまざまなシナリオを想定してストレステストを行う必要があるということです。ファイナンシャル・アドバイザーは、2008年に発生したような金融危機、テロ攻撃、ギリシャ型イベント等の影響をモデル化できるソフトウェアを利用できるようにすべきです。

最後の点として、投資家の戦略に、反脆弱性を持つものを含めることは欠かせません。**反脆弱性**は、ナシーム・タレブが造った言葉です[21]。反脆弱性を持つものとは、ボラティリティやランダム性、無秩序にさらされた時に成長し、拡大するもの、意外にもストレスをかけるとより強くなるものです。この概念は、投資についてもあてはめることができます。今のような時代には、その反脆弱性のために保有されるべき資産がいくつかあります。その中には、以下に限定されませんが、私たちが直面しうる極端なイベントのいくつかに対して一種の保険の役割を果たすことができる、ディープ・アウト・オブ・ザ・マネー・オプション（訳注：原資産価格がコール［購入］オプションの行使価格よりも著しく低い状態、またはプット［売却］オプションの行使価格よりも著しく高い状態）が含まれます。こうした商品は、あなたにとって適切なことも、そうでないこともありえますので、そのリスクと潜在的なメリットについては、あなたのアドバイザーとよく話し合うべきです。

これは非常に複雑な世界です。あなた自身が、あなたの投資ポートフォリ

オのストレステストを行うことで疑問を投げかけることをお勧めします。また同様に、あなたのアドバイザーに対してもストレステストを行い、疑問を投げかけることが有意義でしょう！ むずかしい質問を尋ね、詳細な解答を期待し、そして最も重要なことに、将来起こることに驚かない（もしくは備えをしておく）ことが肝要です。

リスクかチャンスか

　米国が置かれている経済状況は、一連の特有のリスクと一連の特有のチャンスを生み出します。米国が直面するリスクに関する議論には、すでに多くの時間を費やしました。歴史的には債務の問題は債務不履行、成長、インフレ、通貨の切下げ、あるいはその組合せによって解決されてきました。

　私たちには、これらのリスクに前もって積極的に対応するチャンスがあります。例えば、世界の中には、米国のような年金給付義務がほとんどなく、債務比率がより低く、財政赤字が小さく（財政黒字の場合すらあります）、そして金利がより高い国々があります。もし私が、金利3％の外国債券に投資をし、ドルが3％下落したとしたら、他の条件が同じとすると私の投資利回りは6％となる計算になります。もし私が、ドルを2％の金利で借りていたとすると、私は4％のスプレッドを獲得したことになります。こうした状況がもたらすリスクとチャンスについて、アドバイザーとよく話し合うべきです。

まとめと検討すべきステップ

　私たちが常々直面しているリスクと不確実性の水準を踏まえれば、以下に挙げるステップと予防策は、大いに検討する価値があります。あなたが戦略

的借入れの実践の具体的方策、すなわち本書の考え方を採用することを選んだ場合には、なおさらそうです。

- 必ず、経済の歴史をしっかり理解している**有能なファイナンシャル・アドバイザーと協働**しましょう。
- そのアドバイザーと協働して、**資産配分に関しては長期的なゴールベースのアプローチ**を採用しましょう。
- 資産配分を決定する際には、**攻めと守りの両方を取り入れる**ことを忘れないでください。あなたの投資やファイナンスの選択は、誤っていたり、早すぎたり、遅すぎたりする可能性があるためです。
- 必ず、柔軟性が高く税効果を考慮した**適切な種類の口座を設定**しましょう。
- 自国への投資に過度に偏らない、すなわち**世界に対して中立的な視野を持つ**ようにしましょう。米国の投資家は、米国が世界経済全体に占める割合は小さい（15～20％）ことに留意すべきです。他にも多くの投資機会があります。ふつうの思慮分別や分散投資（一つのかごに卵を全部入れない）の原則に従えば、一つの国に過度に集中する投資はすべきではありません。
- 幅広い範囲の結末を想定して**投資ポートフォリオのストレステストを実施**しましょう。ほぼすべてのイベントが予想外あるいは外因的でなくなるまで、テストを繰り返しましょう。
- **決して流動性の重要さを軽視してはなりません**。現金が手元にあること、あるいはすぐに現金を手に入れることができることが重要です。
- もしあなたに余裕があれば、全体の保有資産のうち少額をさまざまな形で市場と逆に動くものに投資し、**悲惨な景気後退に対する一種の保険をかける**ことを検討しましょう。
- レバレッジをかけることは、特に富の増加を目的とする場合、あなたが深刻な財務的困難に直面する**リスクを全体的に高める**ことを、決して忘れないでください。
- 有価証券担保ローンを利用することも、あなたの**リスクを高める**というこ

とを決して忘れないでください。その際、あなたはローンのカバレッジ比率を注意深くモニターしなければなりません。

この世界はリスキーでしょうか。確かにリスキーです。投資はリスキーでしょうか。確かにリスキーです。しかし、将来のために投資をしないことは、それ自体が、あなたの財務状況が大幅に悪化する可能性に対してある種の賭けをするようなものです。結局のところ、大半の人は行動を起こしたいし、起こさなければならないはずです。その時の行動は、必ず関連リスクをできる限り認識し、できる限り豊富な情報に基づいた長期的な視野に立ったものでなければなりません。

あなたの成功を祈ります。

正しい理解のための公式な重要事項の説明

（本書のどこかに、これがあると思っていたはずです）

本書は、個々人の状況にあわせた投資アドバイスを提供するものではありません。本書は、本書の読者の状況や目的を考慮せずに用意されたものです。本書は一般的な情報のみを記載しており、読者の固有の状況を考慮していません。したがって、権威のある文献として鵜呑みにされる、あるいは読者による判断を代替する取組みとみなされるべきではありません。

読者はそれぞれ、入手可能なあらゆる情報と、専門家の適切なアドバイスに基づいて、投資判断が自分の状況に適しているかどうかを考慮すべきです。著者としては、読者が特定の投資や戦略を独自に評価し、ファイナンシャル・アドバイザーの助言を求めることを勧めます。本出版物はいかなる場合にも、何らかの有価証券の売買、あるいは何らかの取引や投資戦略への読者の参加を勧誘するものと理解してはなりません。本書、すなわち本書のすべての部分は、何らかの契約または約束の基礎を構成するもの、あるいは契約または約束としてあてにされるべきものでは一切ありません。

投資の価値と投資から得られる収入は、金利、外国為替レート、有価証券の価格または市場指数、企業の運営または財務状態、地政学的な状況等の要因の変化によって変わることがあります。

　過去のパフォーマンスは必ずしも、将来のパフォーマンスの指標ではありません。将来のパフォーマンスの推定は、実現しないかもしれない想定に基づくものです。本書の中にある情報や意見は、出版時点での判断であり、信頼できると思われる情報源から誠実に（しかし、それらの正確性、完全性、適切さについては、明示的にも暗示的にも一切の表明も保証もありません）まとめられ、導かれたものですが、予告なしに変わることがあります。

　レバレッジを用いた投資には多くのリスクがあり、金利リスク、高いボラティリティのリスク、流動性リスク、繰上償還リスク、ロールオーバー・リスク、そして投資資本をすべて失うリスクを含み、それだけに限りません。

　本書で紹介した情報は、現時点で有効な税法に基づくもので、変更されることがあります。将来的に、現在の税制は改正または廃止される可能性があります。その場合、本書のプランニングの考え方による結果は、有利でなくなるかもしれません。本書で紹介した情報は一切、税務アドバイスではないと考えてください。本書で示したすべての考え方は、出版時点における税に関する事実を示したものであり、予告なしに変わることがあります。すべての考え方は、あなたの個人の状況に基づいて、あなたの税理士や弁護士、ファイナンシャル・アドバイザーによって検討されるべきものです。

　本書で取り上げた税に関する情報は一般的なもので、本質的にすべてを網羅したものではありません。本書は、米国の連邦税法を回避する目的で納税者が用いるために書かれたものではなく、そうした目的で用いることはできません。米国財務省が公布した回覧（Circular）230号に定められたプロフェッショナルの行為規範に従い、本書の内容は、内国歳入庁が科す可能性がある罰則を回避する目的で納税者が利用することを意図しておらず、そのために書かれたものでもありません。したがって、納税者はそのような目的で本書を利用してはいけません。連邦および州の税法は、複雑で絶えず変化しています。投資家は常に自らの固有の状況に関する情報については、税務

アドバイザーに相談をすべきです。

　いかなる方も、著者の書面による明示的な事前の許可なしに、本書で紹介した借入れ、投資あるいは税務に関する戦略を引用しないでください。

　著者は、本書とその内容を利用することによって発生するいかなる損失または損害についても、一切賠償責任を負いません。本書で紹介しているすべてのデータや情報、意見は、予告なしに変更されることがあります。

有価証券担保ローンについて

　有価証券担保ローンは、有価証券を担保にしたローンであり、リスクを伴い、すべての投資家に適しているわけではありません。ローン口座を開設する前に、次のリスクを理解しておく必要があります。

・取引金融機関はいつでも、また理由を問わず、ローンを解約できます。
・借入れを維持し、将来的に追加借入れを行うためには、十分な担保を確保しておく必要があります。
・短期間に追加的な現金と／または適格有価証券を差し入れなければならないかもしれません。
・規定された水準に口座の自己資金を維持するために、予告なしに、あなたが保有する有価証券の一部または全部が売却されるかもしれません。あなたには売却される有価証券を選ぶ権利はありません。こうした措置は、あなたの長期的な投資戦略を妨げ、税務面で不利な結果をもたらし、追加的な手数料を発生させる可能性があります。
・取引金融機関には一般的に、担保不足やその他いかなる理由でも、資金の追加借入れを拒否する権利があります。
・取引金融機関は予告なしにいつでも、あなたが維持しなければならない担保額を引き上げることができます。
・与信枠の最低額と、最初の最低借入額が決まっている可能性があります。

・資金を借り入れられるかどうかは、あなたの与信枠の額と取引金融機関独自の判断によって決まります。
・スタンドバイ信用状を発行する場合は、一般的に年間手数料が適用されます。スタンドバイ信用状には、発行額に応じた手数料が適用され、事前に支払う必要があります。
・証券会社の場合、有価証券担保ローンは通常、当該証券会社の系列銀行が提供します。
・与信枠は多くの場合、信用力の審査が必要です。
・有価証券を担保とする借入れに関する法務および税務面での影響については、法務・税務面のアドバイザーに相談すべきです。
・有価証券を担保とする借入れに関連するリスクの詳細については、申込書類に含まれるローン・ディスクロージャー・ステートメントをしっかりレビューすべきです。

　有価証券担保ローンには、目的別ローンと特定目的のないローンがあります。**特定目的のないローン**は、証券口座に保有される適格有価証券をベースとする与信枠あるいは借入れです。有価証券を購入・取引・保有する、または証券を購入・取引・保有するための借入れを返済するため以外の、あらゆる目的で利用することが可能ですが、証券口座に資金を振り込むことはできません。**目的別ローン**、すなわち証券会社が提供する信用取引枠は、証券口座に保有される有価証券をベースとする信用極度枠のことです。このローンは主に、有価証券を購入するために使われますが、その他のあらゆる目的で利用することも可能です。このコメントは、有価証券担保ローンを設定することが、流動性を保証することを意味すると言っているわけではありません。有価証券担保ローンの多くは、貸出が確約された信用枠ではない点に注意することが重要です。したがって、貸し手には貸出を行う義務はなく、貸し手独自の判断で借り手からの借入れ要請を拒否することができます。

　有価証券担保ローンは、実際のところ、あなたの財務的困難のリスクを高める可能性があります。あなたが有価証券担保ローンで借入れをしている時

に、市場が（あなたのローンの担保である有価証券を含めて）下落した場合、あなたは、追加で差し入れる有価証券／担保を持っておらず、借入れを返済するための流動性のある資金を持っていない状況下で、追加担保請求へ対応せざるをえない可能性があります。その結果、あなたは、その時点で担保となっている有価証券の売却を強いられ、市場が低迷していたとすれば、不利な価格での売却となり、また税負担を強いられる可能性が出てきます。

　有価証券担保ローンは一般的に、ローンを提供する金融機関が、いつでも返済を要求することができる要求払い貸付（訳注：原文は demand facility）の形態をとります。また、貸し手は通常、担保有価証券をいつでも売却する権利を持っています。あなたは、こうしたリスクを理解し、軽減するためにアドバイザーと協働すべきです。本書のすべての事例は、借入れが可能で、保有有価証券が適格で、貸し手が貸出の継続に前向きなことを想定しています。

その他の重要な注意事項

有価証券担保ローン：有価証券を担保とする借入れは、すべての人に適しているとは限りません。あなたは、有価証券担保ローンには高いリスクが伴い、市場環境によっては損失の可能性が拡大する可能性があることを認識すべきです。最も重要なことは、あなたが、有価証券担保ローンは貸出が確約された信用枠ではなく、貸し手には貸出を行う義務がないため、**流動性の解決策となる保証がない**ことを理解する必要があることです。

　貸し手は、有価証券担保ローンを設定する際にコストを求めないかもしれませんが、あなたは本書で示したさまざまな考え方を実践する前に、税、法律、財務のアドバイザーを訪問して相談すべきです。したがって、本書で紹介した考え方を実践するためには、専門家へのアドバイザリー手数料が発生する可能性があります。

税金：税法は複雑で、絶えず変わります。本書は、納税者が課されるかもしれない税関連の罰則を回避する目的で利用されることを意図して書かれたものではありません。各個人は、(1)退職年金プランや口座を設定する前に、(2)そうしたプランや口座において行う投資に関する税金、ERISA（従業員退職所得保証法）等への影響の可能性について、税や法律のアドバイザーに相談をすることをお勧めします。

見解：本書で示した見解は、著者の見解です。すべての意見は、予告なしに変更されることがあります。紹介した情報や述べた意見はいずれも、何らかの有価証券の購入あるいは売却を勧誘するものではありません。過去のパフォーマンスは、将来のパフォーマンスを保証するものではありません。

戦略：本書は、個々人の状況にあわせた投資アドバイスを提供するものではありません。本書は、本書の読者の個別の財務状況や目的を考慮せずに用意されたものです。本書で検討した戦略と／または投資は、すべての投資家に適しているとは限りません。著者は、投資家が独自に、特定の投資や戦略を評価し、ファイナンシャル・アドバイザーや税・法律の専門家たちの助言を求めることをお勧めします。特定の投資や戦略が適切かどうかは、個々の投資家の置かれた状況や目的によって異なります。

資産配分：資産配分や分散投資は、利益や損失防止を保証するものではありません。

債券：債券には金利リスクがあります。金利が上昇すると、債券の価格は下落します。一般的に満期が長い債券ほど、金利リスクに対してより敏感です。また、債券には、早期償還リスクがある場合があります。それは、発行体が自らの選択で予定されている満期日よりも早く、債券の全体または一部を償還するリスクです。債券商品の市場価値は変動する可能性があり、満期前に売却する際の価額は、市場環境の変化や発行体の信用力の変化によっ

て、投資元本の額や償還価額を上回ることもあれば、下回ることもあります。債券には発行体の信用リスクがあります。これは、発行体が予定どおりに金利と／または元本を支払うことができなくなるかもしれないリスクです。また、債券には、再投資リスクがあります。これは、投資した元本と／またはそこから得られる金利を、より低金利で再投資することになるかもしれないリスクです。海外の債券には、これらのリスクの他に、より高い債務不履行のリスク、より大きなボラティリティ、為替リスク等の追加的なリスクがあります。

地方債：地方債の金利は、一般的に連邦の所得税が免除されます。ただし、一部の地方債は、代替ミニマム税（AMT）の対象となる可能性があります。通常、居住する州において発行される地方債は州の税金が免除され、居住する市において発行される地方債は市の税金が免除されます。債券には、金利変動、信用リスク、期限前償還リスクを含む数多くのリスクがあります。一般的には、市場金利が上昇すると債券の価額は下落します。債券は、発行体の信用格付あるいは信用力が低下すると信用リスクに直面し、債券の価額の下落をもたらします。最後に、債券は期限前償還リスクにさらされる可能性があります。金利が低下する時には、発行体は、以前発行した債券を償還して、より低い金利で資金を借りることを選択する可能性があります。その結果、投資した当初の債券からの金利収入は失われ、投資した当初よりも市場金利が低くなった市場に再投資することを強いられます。

注意事項：ハイイールド債は、発行体の信用力が低いため、より高い債務不履行リスクやより大きなボラティリティなどの追加的なリスクにさらされています。

株式：株式は、企業や業界、市場環境、そして経済状態全般に関するニュースに反応して変動することがあります。配当を支払っている企業は、いつでも減配、あるいは無配にすることができます。

ケース・スタディ：本書で紹介したケース・スタディは、教育や説明の目的のみで示したものあり、将来のパフォーマンスを示すものではありません。過去のパフォーマンスは、将来の結果を保証するものではありません。投資の結果はさまざまです。本書で紹介した投資戦略や商品、サービスは、すべての投資家にとって適切だとは限りません。個々の顧客は、それぞれのファイナンシャル・アドバイザーとともに、特定の商品やサービスの契約条件やリスクを吟味すべきです。本書の中のすべての事例は仮説であり、特定の有価証券や商品、あるいは投資戦略のパフォーマンスを示すことを意図していません。

住宅ローン：ホーム・エクイティ・ローンからの当初の借入れや追加借入れを含む、住宅ローンからの借入金は、有価証券担保ローンの担保となる有価証券の購入、取引や保有、有価証券担保ローンの返済、あるいはホーム・エクイティ・ローン契約による借入れの返済に用いることが認められていません。

LIBOR を参照する金利支払いのみのローン：LIBOR を参照する金利支払いのみのローンは、誰にでも適しているわけではありません。あなたが選ぶ指数によって、1 カ月あるいは 6 カ月ごとに金利が上昇し、毎月の支払いが増える可能性があります。加えて、金利のみを支払う期間が終わった後、通常、あなたの毎月の支払いは増えます。ローンの期限の残りの期間を通じて元本と金利の両方を返済することになるからです。

譲渡性預金（CD）：CD には、取扱金融機関ごとに同じ保険の対象となるすべての預金（個人口座、共同口座など）について、最高25万ドルまで（元本と利息を含む）米国政府の独立機関である連邦預金保険公社（FDIC）の保険が付与されています。詳細については、FDIC のウェブサイト（www.fdic.gov）をご覧ください。あなたがどの商品を利用できるかどうかについては、あなたのアドバイザーに相談しましょう[22]。

投資や保険商品は、FDIC による保証がなく、銀行預金でもなく、連邦政府機関の保険もなく、銀行保証もなく、損失を被る可能性があります。

注

1. 過去30年、現在、そして次の30年という3つに期間を区分するという考え方は、2012年の秋に開催された Barron's Top 100 Conference において、ブラックロックの債券担当チーフインベストメントストラテジストのジェフリー・ローゼンバーグが行ったプレゼンテーションから得た発想です。また、2012年の秋から2013年の夏にかけての、デビッド・ワッセル、ルイジ・ジンガレス、エド・ラジアー、マーティン・フェルドシュタイン、ポール・クルーグマン、ゲーリー・ベッカー、ニール・ファガーソン各氏による講演と、2011年の夏にハーバード大学で行われた講演が、この補論で述べられた一部の見解の基盤となっています。詳細を知りたい場合には、彼らの論文等を参考にしてください。

2. "U.S. National Debt Clock." *U.S. Debt Clock.* N.p., 2013. www.usdebtclock.org

3. Carmen M. Reinhart and Kenneth S. Rogoff, *This Time Is Different: Eight Centuries of Finnacial Folly* (Princeton, NJ: Princeton University Press, 2009). (村井章子訳『国家は破綻する――金融危機の800年』日経 BP 社、2011年)

   Congressional Budget Office, *Budget and Economic Outlook: Fiscal Years 2013 to 2023.* Washington D.C., 2013. http://cbo.gov/sites/default/files/cbofiles/attachments/43907- Budget Outlook.pdf

   Office of Management and Budget, *Fiscal Year 2014 Budget of the U.S. Government.* Washington D.C., 2013. www.whitehouse.gov/omb/budget

   Government Accountability Office, *Financial Audit: Bureau of the Public Debt's Fiscal Years 2012 and 2011 Schedules of Federal Debt.* Washington D.C., 2012.

   www.treasurydirect.gov/govt/reports/pd/feddebt/feddebt_ann2012.pdf

   "World Economic Outlook October 2012: Coping with High Debt and Sluggish Growth." *World Economic and Financial Surveys.* International Monetary Fund, n.d.

   www.imf.org/external/pubs/ft/weo/2012/02/pdf/text.pdf

4. 実際、日経平均株価指数は1989年12月に史上最高値の3万8,916円を記録し、

2012年には１万円を割っています。参考のために申し上げると、私は日経平均が２万円台であった2000年代の初期から（今日のS&P種株価指数のように、過去10年間にわたって横ばいでした）、８年後に50％下落するまでの期間、そしてその後により注目しています。CFAインスティチュートは、日本の債務危機について熱心な議論を展開しており、日経225株価指数の過去のパフォーマンスをたどれるウェブサイトが複数あります。

http://blogs.cfainstitute.org/investor/2012/04/19/the-japan-debt-crisis-has-japan-passed-point-of-return/;http://blogs.cfainstitute.org./investor/2012/04/20/-japanese-debt-crisis-part- 2 -when-does-japan-cross-the-event-horizon/

5 . Ramon Moreno, "Learning from Argentina's Crisis," *Economic Research*, Federal Reserve Bank of San Fransisco, October 18, 2002.
www.frbsf.org/economic-research/publications/economic-letter/2002/october/learning-from-argentina-crisis/

6 . Ramon Moreno "What Caused East Asia's Financial Crisis?" *Economic Research*, Federal Reserve Bank of San Fransisco, August 7, 1998.
www.frbsf.org/economic-research/publications/economic-letter//august/what-caused-east-asia-financial-crisis/

7 . ここでは『国家は破綻する─金融危機の800年』の本と以下のプレゼンテーションにおける考え方を参照しています。
Reinhart and Rogoff, *This Time is Different.*
S. Ali Abbas, Nazim Belhocine, et al., "Historical Patterns and Dynamics of Public Debt: Evidence from New Database," *Fiscal Affairs Department: International Monetary Fund.* International Monetary Fund, June 7, 2011.
www.imf.org/external1/np/serninars/eng/2010/eui/pdf/elg.pdf

8 . GDPの変化の影響を完全に網羅することもこの補論の範囲を超えますが、読者の理解を助けるために補足すると、特に先進国では、GDPの２％の縮小は一般的に大幅な縮小とみなされ、２％を超える成長は顕著な成長とみなされます。さまざまな国々について過去を振り返ってみると、５％を超える上下の動きは多くの場合、その国の経済史の中で最も重要な意味を持つ、あるいは最大の転換点があったことを示しています。この議論がいかに広範にわたるかを把握したければ、"fiscal cliff debate"と入力してヒットした2,000万を超えるウェブサイトのいくつかをみてください。

9 . Congressional Budget Office, *Changes in CBO's Baseline Projections Since January 2001.* Washington D.C.:, 2012. www.vvw.cbo.gov/sites/default/files/cbofiles/attachments/06-07-ChangesSince2001Baselie.pdf

10. Office of Management and Budget, *Budget for Fiscal Year 2013: Historical Tables.* Washington D.C.:, 2012. www.whitehouse.gov/sites/default/files/

omb/budget/ fy2013/assets/hist.pdf

Congressional Budget Office, *Budget and Economic Outlook: Fiscal Years 2013 to 2023*. Washington D.C., 2013. http://cbo.gov/sites/default/files/ cbofiles/attachments/43907-BudgetOutlook.pdf

11. Government Accountability Office, *Financial Audit: Bureau of the Public-Debt's Fiscal Years 2012 and 2011 Schedule of Federal Debt*. Washington D.C.,2012. See Page 21. www.treasurydirect.gov/govt/reports/pd/feddebt/ feddebt_ann2012.pdf

12. Congressional Budget Office, *Budget and Economic Outlook: Fiscal Years 2013 to 2023*. Washington D.C.,2013.

13. 前掲（注12）。

14. Chris Cox and Bill Archer, "Why $16 Trillion Only Hints at the True U.S. Debt," *Wall Street Journal*, November 28, 2012. http://online.wsj.com/article/ SB10001424127887323353204578127374039087636.html

15. David Wessel, *Red Ink: Inside the High-Stakes Politics of the Federal Budget* (New York: Crown Publishing Group, 2012), 22.

16. 米国債の満期のスケジュールについては、米国財務省（United States Department of the Treasury）の *Monthly Statement of the Public Debt of the United States* をご覧ください。Washington D.C., 2012. www.treasurydirect.gov/ govt/reports/pd/mspd/2012/opdm122012.pdf

17. この3つの文章の詳細は次の資料に記述されています。

United States Department of the Treasury. *Major Foreign Holders of Treasury Securities*. Washington D.C., 2013. www.treasury.gov/resource-center/ data-chart-center/tic/Documents/mfh.txt

United States Department of the Treasury. *Resource Center*. Washington D.C., 2013. www.treasury.gov/resource-center/Pages/default.aspx

18. スペインの2010年のGDPは2007年のGDPを下回り、2013年のGDPも2007年を下回る可能性が高いことに注目してください。スペイン、イタリア、ギリシャ、ポルトガルの2012年のGDPは2008年の水準を下回り、日本の2009年のGDPは1995年の水準を下回っていることに注目してください。日本の2010年のGDPは名目上1995年のGDPを上回っています。ポイントは、こうした他の市場をみると、CBOが仮定する持続的なGDPの成長は、おそらく達成が難しいということです。"Data: GDP（Current US Dollars）." http://data. worldbank.org/indicator/NY.GDP.MKTP.CD?page=3

19. この文章で述べられている考え方は、2012年の秋のBarron's Top 100 Conferenceでレオ・ティルマン氏が行った講演が直接の発想になっています。ティルマン氏はL. M. Tilman & Co.の社長で、コロンビア大学の教員であり、*Financial Darwinisn*（Hoboken, NJ :John Wiley & Sons, 2008）の著者でもあり

ます。
20. The Bank of Greece, "GovernmentBenchmark Bond Prices and Yields,"
    Bank of Greece, May 2013.
    www.bankofgreece.gr/Pages/en/Statistics/rates_markets/titloieldimosiou/
    titloieldimosiou.aspx
21. Nassim Nicholas Taleb, *Antifragile: Things That Gain from Disorder* (New
    York: Random House, 2012.). (望月衛監訳、千葉敏生訳『反脆弱性　不確実
    な世界を生き延びる唯一の考え方』ダイヤモンド社、2017年)
22. 本章の内容は、他の章と独立したものではなく、本書全体の一部として、全
    体的に考慮されるべきものであり、独立の内容と考えられるべきではありま
    せん。これには、本書の至るところで示されている免責事項と、紹介してい
    る考え方に関するリスクについての議論が含まれますが、これらに限定され
    るものではありません。本書の内容は、あなた自身の状況、リスク許容度お
    よびゴールに基づき、アドバイザーとの間で、さまざまな考え方のリスクと
    潜在的な恩恵についての思慮深い議論と会話をすることを促すためのもので
    す。

補論 D

理想的な借入比率の事例*

*ここで示したケース・スタディは、教育目的かつ説明目的で使用されており、将来のパフォーマンスを示すものではありません。過去のパフォーマンスは、将来の結果を保証するものではありません。投資の結果はさまざまです。投資にはリスクが付きものです。投資戦略、商品、サービスがすべての投資家に適するとは限りません。個々の顧客は、特定の商品またはサービスに関する契約条件、リスクについて金融アドバイザーと検討する必要があります。本書の情報および意見は、特定の証券の売買の勧誘ではありません。すべての投資リターンは仮定であり、特定の証券、商品、投資戦略に関するパフォーマンスを示すことが意図されているわけではありません。本書は、短期間に、多額の借入れをさせるということを意図したものではありません。こうした行動は禁じられているだけではなく、本書を通じて詳細に論じたように、重大なリスクがあります。

　この補論においては、複数の異なる最適な借入比率が実際のところどのようなものかを説明し、それによって**最適化**という概念の骨格を理解する手助けをします。この補論の内容の一部は少し高度なので、第5章の後半で用いたのと同じフォーマットを使用して、2つのバランスシートを並べてシナリオの比較対照を行います。まず第5章のケース・スタディのレビューから始めて、そして徐々により高度なシナリオや概念につなげていきます。

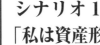

シナリオ1
「私は資産形成層です。借入れは必要ありません！」

（これは第5章で以前参照したジェーンのシナリオと同じものです）
　最適なシナリオでは、表D−1の右側の表のとおり、ジェーンは、

・年間の収入が1万6,000ドル増加しています。彼女の収益額が53.3%（訳

注：4万6,000ドル／3万ドル＝1.533）上昇したのと同じです。

- 大きな所得控除を受けられます（所得控除の恩恵は、借入れの税引き後コストに反映されています）。
- 信用枠の上限額が80％（訳注：90万ドル／50万ドル＝1.8）高く、より低金利の有価証券担保ローンを利用することができます。
- 借入れは住宅を担保に組まれているので、強制的な追加担保差入れが必要になることはありません。
- この戦略が気に入らなくなったら、いつでも借入れを返済することができます。

表D-1　シナリオ1：「私は資産形成層です。借入れは必要ありません！」

現状――ジェーンのシナリオA			最適化――ジェーンのシナリオB		
資産		負債	資産		負債
不動産			不動産		
住宅	$ 500,000	—	住宅	$ 500,000	400,000
投資資産			投資資産		
投資ポートフォリオ	500,000	—	投資ポートフォリオ	900,000	—
総資産	1,000,000	—	総資産	1,400,000	400,000
純資産	$1,000,000	借入比率 0 %	純資産	$1,000,000	借入比率 29%
		収益見通し			
投資ポートフォリオからの収益	6 %	$30,000	投資ポートフォリオからの収益	6 %	$ 54,000
税引き後の借入コスト	2 %	—	税引き後の借入コスト	2 %	(8,000)
純収入		$30,000	純収入		$ 46,000
			シナリオAとの差		$ 16,000

仮にジェーンが、シナリオBで追加的に得られる年間1万6,000ドルを、5年間にわたって同じ収益率6％で再投資するとしたら、左の借入れを行わないシナリオAと比べて、約9万ドルもの追加的な収益を得られることになります。

　今後については、以下のような行動が望まれます。

・ジェーンの将来の収入は、住宅ローンの返済（返済した場合、彼女の借入比率は下がり続けることになるでしょう！）ではなく、投資ポートフォリオに投入されるべきです。
・仮にジェーンに、車の購入や多額の税金の支払い、住宅の大規模改修や趣味への投資の必要性が生じた場合、有価証券担保ローンの利用を検討するのがよいでしょう。

シナリオ2 より高い地位を築いているが、まだ働いている

　ここでは、より高い地位を築いているが、まだ働いているという多くの人にあてはまるシナリオについて考えてみます。ある夫婦が、北部のどこかに50万ドルの居住用住宅と温暖なところに150万ドルのセカンドハウスを保有しているとします。夫婦は400万ドル相当の投資ポートフォリオを持っています。夫婦の純資産は約600万ドルです。

　一つ明らかな可能性は、夫婦が一切借入れをしないということです。それとは別の最適なシナリオでは、セカンドハウスを購入する際に、セカンドハウスを担保に150万ドルの住宅ローン（100％のファイナンスについては、第6章をご参照ください）を組むことにしました。表D－2は、この2つのシナリオを比較しています。

　最適なシナリオの分析：最適なシナリオでは、夫婦は550万ドルの中核となる投資ポートフォリオを持ち、総資産は750万ドル、借入れは150万ドルで

表 D−2　シナリオ２：より高い地位を築いているが、まだ働いている

退職間近（シナリオA）			退職間近（シナリオB）		
資産		負債	資産		負債
不動産			不動産		
居住用住宅	$ 500,000	—	居住用住宅	$ 500,000	—
セカンドハウス	1,500,000		セカンドハウス	1,500,000	$1,500,000
投資資産			投資資産		
投資ポートフォリオ	4,000,000	—	投資ポートフォリオ	5,500,000	
総資産	6,000,000	—	総資産	7,500,000	$1,500,000
純資産	$6,000,000	借入比率 0％	純資産	$6,000,000	借入比率 20％

収益見通し					
投資ポートフォリオからの収益	6％	$240,000	投資ポートフォリオからの収益	6％	$ 330,000
税引き後の借入コスト	2％	—	税引き後の借入コスト	2％	(30,000)
純収入		$240,000	純収入		$ 300,000
			シナリオAとの差		$ 60,000

す。

・夫婦の純資産は、750万ドル−150万ドル＝600万ドルです。

　・個人や家族の純資産は、借入れの有無で変化することはありません。

・夫婦の借入比率は、保守的な20％です。

　・150万ドルを750万ドルで割って算出されます。

・このシナリオでは、年間６万ドルの追加的なキャッシュフローが得られることになります。

・投資ポートフォリオの収益率が、借入コストを年率４％上回ることを想定しています。

・６万ドルの追加収益を400万ドルの投資ポートフォリオから得るということは、投資ポートフォリオの収益率を追加で1.5％引き上げることと同じです。別の言い方をすると、最適なシナリオにおける投資ポートフォリオからの収益は、シナリオＡより25％高くなります（30万ドル／24万ドル）。

・この最適戦略から得られるすべての貯蓄と現金は、住宅ローンの返済に充てるのではなく、投資ポートフォリオに追加することができます。他のすべての条件が同じであれば、借入比率は、少なくともこの資金を住宅ローンの返済に充てた場合と同様に時間の経過とともに減少していくでしょう。

・５年間にわたって、この年間６万ドルの追加収益を同じ６％の収益率で再投資した場合、33万8,225ドルの追加収益が生まれます。

・セカンドハウスの借入れのために担保として差し入れる資産（訳注：100％のファイナンスのために利用する有価証券担保ローンの担保資産）は多めにし、その担保資産はボラティリティの低いものにすることを検討すべきです。これにより、強制的な追加担保徴求に直面するリスクを大幅に減らすことができます。リスクを完全になくすことはできませんが、この戦略により、リスクの完全排除に近づけることはできるでしょう。

・課税対象資産と課税繰り延べ対象資産の構成によっては、100万ドル以上、あるいはおそらく200万ドル以上の有価証券担保ローンを追加で利用できる可能性が高いでしょう。

・夫婦は、何かの購入のために有価証券担保ローンを大いに活用できるポジションにあります。

・この戦略が気に入らなくなった時には、いつでもこの戦略に伴った借入れを返済することができます。

今後については、以下のような行動が望まれます。

・将来のために活用できる資金は、投資ポートフォリオに振り向けることを検討すべきです。

・特に住宅ローンと2カ所に保有する物件の固定資産税の控除については、退職後の方が所得に対する税効果がはるかに高いと考えられるので、今は収入の受け取りを繰り延べる方がよいでしょう。

・この家庭に、年収が40万ドル以上のプロの働き手がいると仮定しましょう。その場合、夫婦は、課税の繰り延べが可能な貯蓄戦略を最大限活用することを積極的に検討すべきです。

他のすべての条件が同じであれば、できる限り、一切借入れを行わない高リスクな投資ポートフォリオよりも、一定の借入れを伴う低リスクな投資ポートフォリオ運用を選択することを検討しましょう

　この補論で繰り返し出てくるテーマは、以下のとおりです。著者は、借入れを一切行わない高いボラティリティの投資ポートフォリオよりも、一定の借入れを伴う低いボラティリティの投資ポートフォリオを選択し、借入コストを4～5％程度上回る収益率を目標とする方が好ましいと思っています。

■ シナリオ3
　 富裕層で、不動産を好む

　表D-3のシナリオは、より富裕な層の状況を示しています。この夫婦は、大家族で不動産を好んでいます。なぜなら、夫婦は、夫婦自身や大人になった子供、そして孫がとても楽しめる生活スタイルを提供してくれる不動産を大いに気に入り、よく利用しているからです。また、不動産は長い目でみるとインフレに対するヘッジになると考えているからです。

表D-3　シナリオ3：富裕層で、不動産を好む

富裕層（シナリオA）			富裕層（シナリオB）		
資産		負債	資産		負債
不動産			不動産		
居住用住宅	$ 1,000,000	—	居住用住宅	$ 1,000,000	$ 500,000
セカンドハウス	3,000,000		セカンドハウス	3,000,000	2,000,000
投資資産			投資資産		
投資ポートフォリオ	7,000,000	—	投資ポートフォリオ	9,500,000	—
総資産	11,000,000	—	総資産	13,500,000	$2,500,000
純資産	$11,000,000	借入比率 0%	純資産	$11,000,000	借入比率 19%
収益見通し					
投資ポートフォリオからの収益	6%	$420,000	投資ポートフォリオからの収益	6%	$ 570,000
税引き後の借入コスト	2%	—	税引き後の借入コスト	2%	(50,000)
純収入		$420,000	純収入		$ 520,000
			シナリオA との差		$ 100,000

　シナリオAでは、夫婦は700万ドルの投資ポートフォリオを持ち、北部の方の100万ドルの居住用住宅に加えて300万ドルのセカンドハウスを保有しています。このシナリオは、例えばロサンゼルスに300万ドルの居住用住宅を持ち、山間部に100万ドルのスキー用セカンドハウスを持っている場合でも、全く同様に成り立ちます。彼らの純資産は1,100万ドルです。

　シナリオAでは、夫婦は一切借入れをしないことを選択しました。最適なシナリオであるシナリオBでは、夫婦は以下の選択を行っています。

・居住用住宅に対して50％のローンを組む。
・300万ドルのセカンドハウスに対して200万ドルのローンを組む。

　最適なシナリオの分析：総資産1,350万ドル、借入れ250万ドルの詳細です。

・純資産は1,100万ドル（＝1,350万ドル－250万ドル）です。
・負債の250万ドルを総資産の1,350万ドルで割ることで、借入比率18.5％（四捨五入して19％）が得られます。
・借入れは２つの住宅に対して組成されているため、市場の変動により強制的な追加担保差し入れを求められるリスクはないことに注意してください。
・長期にわたって保有することによる住宅価格の変動は、その住宅に対する借入れとは関係がありません。
・保有する住宅のいずれかの価格が下がった場合、価値が20％下がったとしてもプラスの純資産を維持しています。
　・例えば、300万ドルのセカンドハウスが20％下落した場合、240万ドルになります。240万ドルの不動産価値から200万ドルの住宅ローンを引くと、より高価な方の不動産の純資産は40万ドルとなります。
　・この価格変動の影響は、セカンドハウスに対する借入れとは関係ありません。
・もし投資ポートフォリオが借入コストをさらに４％上回る収益を生み出すとすれば、夫婦は年間10万ドルの追加収益を受け取ることになります。
　・これは、シナリオＡにおいて、投資ポートフォリオの手数料差し引き後の収益率を1.4％（訳注：10万ドル／700万ドル＝約1.4％）引き上げるのと同等の効果があります。
・この戦略がうまくいかなくなったら、夫婦はいつでも介入して借入れを返済することで戦略を変更することができます。
・住宅ローンのために担保に供されている金融資産はほとんど、あるいは全

くないため、夫婦はシナリオＡと比較して35％程度（訳注：950万ドル／700万ドル＝約1.35）大きな与信枠、500万ドル以上もの与信枠を非常に魅力的な金利で設定できるでしょう。

今後については、以下のような行動が望まれます。

・この戦略全体から生み出される収益や資金は、戦略的な借入れの返済ではなく、投資ポートフォリオに振り向けられるべきです。

シナリオ4
超富裕層の家族

　表Ｄ－4で示している、さらに裕福な家庭の状況について考えてみましょう。統計的に言えば、このシナリオは大多数の家族や個人にあてはまらないでしょうが、さらに富裕な資産家層、いわゆる超富裕層と呼ばれる人たちに適した戦略を学ぶことは、すべてのレベルの投資家にとって重要な知見を与えてくれるでしょう。

　この場合のシナリオＡでは、この家族は500万ドルの居住用住宅と500万ドルのセカンドハウスを保有し、投資ポートフォリオを2,000万ドル持っているので、純資産は3,000万ドルです。このような超富裕層の多くは、追加的な収入は必要ではなく、所有する不動産によってインフレや潜在的なドルの弱さから守られていると感じているでしょう（仮に自国の通貨（このケースの場合はドル）が大幅に下落しても、高級な住宅は、その場合、外国人による買いがあるので価値が保たれるという考え方です。これは確かに、歴史的にみてもいくつかのそういった事例があります）。

超富裕層もまた、借入れを利用した戦略を行わない傾向にあります

　驚かれるかもしれませんが、著者の専門家としての経験によると、富裕層や超富裕層の投資家でも一般の投資家と共通していることがあります。戦略的借入哲学に気付いていないことがほとんどなのです。私が何度も繰り返しみてきたのは、富裕層であっても、大きすぎるレバレッジをかけているか、借入れを完全に避けているかのどちらかであることが多いのです。これらの富裕な個人や家族に対しても、最適な中間地点を探すように改めて強く促したいと思います。

　多くの超富裕層は、最悪の場合でも、保有する不動産をその価値の約3割引きの金額で、このシナリオの場合は約350万ドルで、売却することができると考えています。これによって、世界全体が厳しい状況に陥った場合でも、特に相対的にみれば十分な柔軟性が得られるだろうと考えています。そうなるまでは、あるいはもし住宅を売却せざるをえないような緊急事態が起こらなければ、家族は素晴らしい住居で楽しむことができます。彼らは、住宅を保有することで一定のリスクを取っていることを認識していますが、住宅と同じような生活面でのメリットをもたらしてくれない他の資産も、同じようなリスクを抱えていると感じています。同様に、セカンドハウスには、超富裕層の家族にとって、例えば地方債の投資ポートフォリオからは提供されないような利便性もあります。私は、このような考え方に全面的に賛成しているというわけではありませんが、多くの超富裕層の方々が、このような哲学（あるいは正当化する考え方）を実践しているということができます。

　さて、この家族の純資産は3,000万ドルなので、シナリオAで示しているように借入れは一切したくないということもできます。しかし、彼らにとってより最適なシナリオBをみてみましょう。

　彼らは、

表 D-4 シナリオ 4：超富裕層

超富裕層（シナリオ A）			超富裕層（シナリオ B）		
資産		負債	資産		負債
不動産			不動産		
居住用住宅	$ 5,000,000	—	居住用住宅	$ 5,000,000	3,000,000
セカンドハウス	5,000,000		セカンドハウス	5,000,000	3,000,000
投資資産			投資資産		
投資ポートフォリオ	20,000,000	—	投資ポートフォリオ	30,000,000	4,000,000
総資産	30,000,000	—	総資産	40,000,000	$10,000,000
純資産	$30,000,000	借入比率 0 %	純資産	$30,000,000	借入比率 25%
収益見通し					
投資ポートフォリオからの収益	6 %	$1,200,000	投資ポートフォリオからの収益	6 %	$ 1,800,000
税引き後の借入コスト	2 %	—	税引き後の借入コスト	2 %	(200,000)
純収入		$1,200,000	純収入		$ 1,600,000
			シナリオ A との差		$ 400,000

・それぞれの住宅に対して300万ドルの借入れを持つようにバランスシートを構成します。

・中核となる投資ポートフォリオにより400万ドルを借り入れます。

　・これは、税金や自動車の購入費用、住宅の改築や修繕費用等を有価証券担保ローンを使って支払いながら、時間をかけて行うことができます。

・この家族の純資産は3,000万ドル（＝総資産4,000万ドル−負債1,000万ドル）です。

・繰り返しますが、純資産が借入れの有無によって変化することは絶対にありません。

・負債の1,000万ドルを総資産の4,000万で割って、借入比率は25％です。

　・バランスシート全体の25％（1,000万ドル）は居住用不動産で、残りの75％（3,000万ドル）は投資可能なあらゆる資産で構成されたグローバルに分散投資された投資ポートフォリオになっているであろうことに注目してください。

・シナリオBでは、年間約40万ドルの追加的な収益を得ることができます。

　・シナリオAで得られる収益よりも33％大きくなっています。

　・シナリオAにおいて、投資ポートフォリオのネット・ベースの収益率を年間2％（訳注：40万ドル／2,000万ドル＝2％）引き上げるのと同等の効果があります。

・かなりの税制面での優遇を受けることができるでしょう。

・この戦略的借入れが気に入らなくなった場合は、いつでも借入れを返済することができます。

高度な適用

　ここまでのシナリオにおいて、資産に「投資ポートフォリオ」として記載していましたが、この投資ポートフォリオはさまざまな資産で構成されているでしょう。有価証券担保ローンを利用して借り入れた400万ドルは、非公開企業や不動産、農場、プライベート・エクイティやその他のベンチャー企業に対する投資においてエクイティ投資部分となるでしょう。

　投資対象の資産によっては、追加的なレバレッジを利用できる場合もあります。この利用可能なレバレッジの中には、（個人的な保証を必要としない）ノンリコースのものもあるかもしれません。リコースとノンリコースの資産を組み合わせた場合、より高度な借入比率の計算が必要になります。

ここで指摘しておきたいのは、読者の皆さんは、人生のどこかで、富裕層が公的な破産に追い込まれながらも生き延びているのを目撃してきた可能性が高いということです。例えば、自分が所有する会社が倒産したのに、引き続き長者番付に載っている億万長者もいます。このようなことは、多くの場合、借入哲学を活用しているだけでなく、リコースとノンリコースの明確な使い分けをすることによって成し遂げられているのです。

表D−5　シナリオ5：超富裕層─借入れを活用して低い収益率でも同じ収益を生み出す

超富裕層（シナリオA）			超富裕層（シナリオB）		
資産		負債	資産		負債
不動産			不動産		
居住用住宅	$ 5,000,000	—	居住用住宅	$ 5,000,000	$ 3,000,000
セカンドハウス	5,000,000	—	セカンドハウス	5,000,000	3,000,000
投資資産			投資資産		
投資ポートフォリオ	20,000,000	—	投資ポートフォリオ	30,000,000	4,000,000
総資産	30,000,000	—	総資産	40,000,000	$10,000,000
純資産	$30,000,000	借入比率 0 %	純資産	$30,000,000	借入比率 25%
		収益見通し			
投資ポートフォリオからの収益	6 %	$1,200,000	投資ポートフォリオからの収益	4.67%	$ 1,400,000
税引き後の借入コスト	2 %	—	税引き後の借入コスト	2 %	(200,000)
純収入		$1,200,000	純収入		$ 1,200,000
			シナリオA との差		—

この超富裕層の家族に代替案はあるでしょうか。私が顧客に戦略的借入哲学とその実践について説明すると、よく次のようなことを言われます。「トム、これらは素晴らしい考え方ですが、個人的には、資産をもっと増やすよりも失わないことにずっと関心があるのです」。この人のゴールを踏まえたうえで、本書で示した考え方を適用するにはどうしたらいいのでしょうか。

　一つの方法としては、この超富裕層の家族は、借入れを活用して投資ポートフォリオの想定収益率を低くしながらも、同じ額の収益を目指すことができます！

　シナリオ５で比較してみましょう。

　表Ｄ－５は、最適なシナリオであるシナリオＢでは、シナリオＡと同じ収益目標を達成するために必要な投資ポートフォリオの収益率が低くなることを示しています。この考え方は、この補論でこれまで検討してきたすべてのシナリオに適用することができます。

■　借入れは絶対に返済してはいけないのか？

　結論として言えば、私たちは、最適な借入比率の一見矛盾したようにみえる点をみてきました。ここでは、これまで議論してきた考え方のいくつかをベースとして、数学的に示した将来的なバランスシートを紹介します。

　なお、ここではすべて以下の仮定を用いています。

・すべての投資の収益率は年率６％
・不動産価格の上昇率は年率２％

　表Ｄ－６に示している第一のケースでは、投資家は借入額を一定に保っています。すなわち、金利のみ支払い、残りの貯蓄を投資ポートフォリオに振り向けています。10年間でどのようにして借入比率が32％から17％まで下がり、10年後の純資産が710万ドル（＝総資産860万ドル－負債150万ドル）になっ

表D-6　将来価値（借入水準を維持したケース）

借入れを一定に維持した場合の将来価値

| 不動産価格の上昇率 | 2％ |
| 投資収益率 | 6％ |

	1年目	2年目	3年目	5年目	7年目	10年目
不動産（期初）	$2,000,000	$2,040,000	$2,080,800	$2,164,864	$2,252,325	$2,390,185
値上り益	40,000	40,800	41,616	43,297	45,046	47,804
不動産（期末）	2,040,000	2,080,800	2,122,416	2,208,162	2,297,371	2,437,989
投資資産（期初）	2,500,000	2,650,000	2,959,000	3,633,732	4,391,862	5,708,318
投資収益	—	159,000	177,540	218,024	263,512	342,499
貯蓄からの繰入れ	150,000	150,000	150,000	150,000	150,000	150,000
投資資産（期末）	2,650,000	2,959,000	3,286,540	4,001,756	4,805,373	6,200,817
総資産	4,690,000	5,039,800	5,408,956	6,209,918	7,102,745	8,638,805
借入額	(1,500,000)	(1,500,000)	(1,500,000)	(1,500,000)	(1,500,000)	(1,500,000)
純資産	$3,190,000	$3,539,800	$3,908,956	$4,709,918	$5,602,745	$7,138,805
借入比率	32％	30％	28％	24％	21％	17％

表D-7　将来価値（借入れを積極的に返済したケース）

借入れを積極的に返済した場合の将来価値

| 不動産価格の上昇率 | 2％ |
| 投資収益率 | 6％ |

	1年目	2年目	3年目	5年目	7年目	10年目
不動産（期初）	$2,000,000	$2,040,000	$2,080,800	$2,164,864	$2,252,325	$2,390,185
値上り益	40,000	40,800	41,616	43,297	45,046	47,804
不動産（期末）	2,040,000	2,080,800	2,122,416	2,208,162	2,297,371	2,437,989
投資資産（期初）	2,500,000	2,500,000	2,650,000	2,977,540	3,345,564	3,984,620
投資収益	—	150,000	159,000	178,652	200,734	239,077
貯蓄からの繰入れ	—	—	—	—	—	—
投資資産（期末）	2,500,000	2,650,000	2,809,000	3,156,192	3,546,298	4,223,697
総資産	4,540,000	4,730,800	4,931,416	5,364,354	5,843,669	6,661,686
借入額（期初）	(1,500,000)	(1,350,000)	(1,200,000)	(900,000)	(600,000)	(150,000)
返済	150,000	150,000	150,000	150,000	150,000	150,000
借入額（期末）	(1,350,000)	(1,200,000)	(1,050,000)	(750,000)	(450,000)	—
純資産	$3,190,000	$3,530,800	$3,881,416	$4,614,354	$5,393,669	$6,661,686
借入比率	30％	25％	21％	14％	8％	0％

表D-6との差　　　(477,119)

ていることに注目してください。

表D-7は、仮に投資家が積極的に借入れを返済したとしたらどうなるかを示したものです。10年後には、総資産が約660万ドル、借入れゼロのバランスシートになり、借入比率は0％です。

この事例では、借入れを積極的に返済した投資家は、最適な借入比率のもとで投資ポートフォリオの拡大に注力した投資家と比べて、10年後に純資産が47万7,119ドル少なくなっています！

この分析は前提として借入れを徐々に返済することで生じる利益がゼロだと仮定しているので、47万7,119ドルという差は、可能性のある最大の追加利益を表しています。例えば、もし私が1年目に15万ドルの借入れを返済し、その借入れの金利が4％だったとしたら、その後10年間にわたって年間6,000ドルの金利支払いを節約することができるでしょう。毎年借入れを返済すれば、同様にその分の金利支払いは節約されることになります。

この事例は、**借入返済の収益率は、税引き後のその借入れのコストとちょうど等しくなること**の数学的な証明としてよく理解してもらえるようにこのような形で示しています。したがって、投資家が目指すべきは、借入れの金利を最小化し、税のメリットを最大化することです。投資の選択肢と比較して借入れの金利が気に入らない場合、あるいは税法の改正があった場合は、投資家は借入れを返済することができます。また、投資家は、3年、5年、10年という期間で借入れの税引き後コストを平均して上回るリターンをあげることができる投資の選択肢を探しています。投資からプラスのスプレッド（第5章をご参照ください）を獲得できれば、勝利することができます。そして、プラスのスプレッドが大きければ大きいほど、より大きな勝利を得ることができます[1]。

最大の教訓

多くの人は、定年時には借入れをなくすことをゴールにして、積極的に借入れを返済しようとします。借入れの税制面でのメリットを考える

以前の問題として、このアプローチが必ずしも最適ではない可能性について よく考慮すべきです。実際のところ、投資ポートフォリオから収入を得る必要性が大きければ大きいほど、借入れを返済することはその目標を達成できる可能性を小さくするでしょう。なぜなら、

・借入れの税引き後コストとちょうど同じリターンを得ることになります。
・借入れの方法とは関係なく価格が変動する資産に現金を縛り付けます。
・利用可能な税引き後の流動性のある資金の額を減らします。
・税制上のメリットを減らします。

注

1. 本章の内容は、他の章と独立したものではなく、本書全体の一部として、全体的に考慮されるべきものであり、独立の内容と考えられるべきではありません。これには、本書の至るところで示されている免責事項と、紹介している考え方に関するリスクについての議論が含まれますが、これらに限定されるものではありません。本書の内容は、あなた自身の状況、リスク許容度およびゴールに基づき、アドバイザーとの間で、さまざまな考え方のリスクと潜在的な恩恵についての思慮深い議論と会話をすることを促すためのものです。

金融ビジネスと有価証券担保ローン
──米国ウェルスマネジメント産業の潮流

　本書は、有価証券担保ローンの意義や活用法について、主として顧客の観点から解説していますが、サービスの供給サイドである金融機関の観点からみても、近年の米国におけるウェルスマネジメントの潮流を反映した内容を含んでおり、日本の実務家にも大いに参考になると考えられます。

　その潮流とは、一言で言えば、ウェルスマネジメントの本質が「プロダクト販売」から「総合的なアドバイスの提供」へとシフトしているということです。

　背景には、いくつかの要因が挙げられます。第1に、顧客の長寿化です。日本人ほどではないものの、米国人も長寿化しており、夫婦2人ともが60歳を超えた場合、3組に1組以上は、夫婦のどちらかが95歳まで存命となるとされています。仮に65歳を起点にすると30年のファイナンシャル・プラン作成が求められる中で、不安も増しており、短期的なパフォーマンスばかりを強調しても顧客の本質的なニーズに応えたことにならないと考えられます。

　第2に、金融市場の不確実性です。米国人にとってのサブプライム問題やリーマン・ショックは、10年以上前のこととは言え、影響と記憶がいまだに鮮明に残っており、しかも近年も欧州債務危機、ブレグジット、米中摩擦の激化など、国際金融情勢の激動が続く中で、その時々の人気金融商品で運用していれば大丈夫、とは決してならないのが実態です。

　第3に、金融規制の強化・改革です。もともと訴訟社会であることも影響していると思いますが、米国では金融商品を取り扱う外務員や販売員に対する規制が常に強化されてきました。回転売買の取り締まりや適合性原則の徹底はもちろんのこと、近年は「受託者責任（フィデューシャリー・デューティー）」や「顧客の最善利益（ベスト・インタレスト）」といった概念が強調

されるようになっています。紙幅の関係で詳細な解説は難しいのですが、筆者はリテール金融における「中立性・客観性の重視」「説明責任の強化」と言い換えてもよいのではと考えています。すなわち、外務員・販売員が中立的・客観的な立ち位置で顧客に複数の選択肢を示し説明をすべき、後になって振り返っても、あの時になぜこの金融商品・サービスを提供したのかを説明できる、といった規範が重視されるようになってきたという意味です。勤務先や販売員自身の都合で金融商品を推奨しているのではない、と説明できなければならなくなっている中で、プロダクトを前面に出すこと自体が信頼性の向上につながらなくなっていると考えられます。

　第4に、プロダクトのオープン化と販売チャネルの多様化です。金融商品の販売チャネルに関しては、第3の潮流とは逆に規制緩和が進んでおり、インターネット・デジタル技術の発展もあいまって、顧客が投資信託・変額年金などの金融商品を買う場所は、基本的にはどこでもよくなりました。運用会社側も、良い商品さえ作れれば、系列やグループにこだわらず、幅広い金融機関と契約を結んで販売を委託することが可能です。証券会社にしても銀行にしても、扱っている商品には変わりがなくなっているわけですから、アドバイスの質で差別化を図り、顧客の信頼を獲得しなければならなくなったわけです。

　実は、上記の4つの環境変化すべてが日本においても着実に進んでおり、プロダクトからアドバイスへという潮流がすでに顕在化していると筆者は考えていますが、ここではいったんその話を脇に置いて、「総合的なアドバイス」提供を求める潮流の中で米国の金融機関がどのような戦略変更と変革を起こしたのかをみてみたいと思います。

　米国の金融機関が進めた大きな変革の第1は、サービスレイヤーにおける銀行・保険・証券などライセンスの異なるサービスの統合・融合です。総合化・複合化はさまざまなレベルで発生しましたが、最も影響が大きかったのは、金融商品販売で大きなシェアを有していた証券会社が、2000年前後から、証券総合口座の中に預金・ローン・クレジットカードなど銀行関連サービスを付加していったことではなかったかと思います。これを契機に、顧客

側が銀行・証券サービスが一体化したウェルスマネジメントの付加価値を徐々に認識する一方、アドバイザーも顧客資産の中でアクティブな運用ニーズだけを事業機会とするのではなく、顧客資産の全体に関わり、メイン口座・コア資金を獲得することを考えるようになったと言えます。有価証券担保ローンへの関心も、この文脈で高まっていくことになりました。いずれにせよ、いまや米国のウェルスマネジメントにおいては、アドバイスの質が最重要であり、アドバイザーの所属金融機関の祖業が銀行であるか証券・保険であるかといったことはほとんど意識されなくなってきています。

　もう一つの大きな変革は、顧客セグメントに合わせた組織体制の構築です。やや単純化した言い方になりますが、21世紀に入ってから、米国金融業界では、概ね投資可能資産100万ドル前後をボーダーにして、顧客セグメントとサービス提供の「二極化」が発生しています。具体的には、100万ドル以上の金融資産を託す富裕層（ハイネットワース層）には、専門性の高いアドバイザーをチーム化して総合的・包括的なアドバイスを提供することが目標とされる一方、数十万ドルの金融資産の運用・管理を求めるマスアフルエント層に対しては、インターネットとコールセンターで顧客ニーズのほとんどを効率的に満たすことができる体制の構築が取り組まれてきました。後者のセグメントにおいても、対面のアドバイスが付加価値になることは間違いありませんが、数多くのアカウントに対して高い顧客満足度とコンプライアンス基準を保ったサービスを提供しつづけるのは、獲得可能対価とのバランスで効率が悪く、オンラインを前面に出しヒトは後ろ側で支える形が有効とみられています。富裕層セグメントにおいても、１人のアドバイザーだけで満足度の高いアドバイスを提供するのは難しくなり、さらにプロダクトの販売手数料も低下傾向にありますから、スキル・専門性の異なるアドバイザーをチーム化することで、顧客との関係と対価獲得ポイントを多様化するとともに、顧客預かり資産の拡大を目指すのが、ほぼ唯一の戦略方向ということになると思います。したがって、アドバイザーから見ても金融機関から見ても、預かり資産の流出を抑制しながら顧客との関係を多様化することができる有価証券担保ローンは、富裕層セグメントにおいて必須のサービスになっ

たと考えられます。

　とは言え、以上の変革は、短期間に一気に起きたわけではありません。富裕層セグメント側の変革は、2000年のITバブル崩壊以降、メリル・リンチやモルガン・スタンレーなど大手リテール証券会社が主導する形で進展しました。しかし、両社とも全米に1.5万人を超えるアドバイザー部隊を抱えていますので、研修・人材開発プログラムやペイアウト（歩合）率などのインセンティブを活用して変革を徐々に進めざるをえなかったとされています。

　その後、2009年にメリル・リンチはバンク・オブ・アメリカに統合され、同じ年にモルガン・スタンレーはシティグループ傘下にあったスミス・バーニーを統合するなど、金融危機と大きな組織変更を経験しましたが、現在、この2社が、富裕層向けの投資一任サービス（マネージド・アカウント）およびローンビジネスのリーダーと目されています。

　両社がウェルスマネジメント部門で顧客に提供しているローンは、信用取引に伴う貸出（マージン・ローン）、住宅・不動産ローン（モーゲージ）、有価証券担保ローンの3種類に大別されます。マージン・ローンは有価証券の短期売買のリターンを高めるためのレバレッジで、日本の証券会社も提供しているものですが、メリル・リンチなどの中核顧客である富裕層セグメントではそれほど活発に活用されなくなってきています。一方、住宅・不動産ローンは、米国の住宅ローン税制が特に高額所得者に有利になっていることを背景に、富裕層顧客も積極的に活用しており、ウェルスマネジメント事業においても有力なサービスメニューとなっています。

　有価証券担保ローンについては、本書の中で述べられているとおりですが、顧客がすでに顕在化している使途のために借入れを行うケースと、融資枠（コミットメント・ライン）を設定して資金が必要になった際に借入れが発生する（借入れが発生しない期間は未使用融資枠に対して一定の手数料を支払う）ケースがあります。ウェルスマネジメントビジネスの顧客層の中で、事業主がとても多いことを考えると、ローンと融資枠のそれぞれにさまざまなニーズが存在することがわかると思います。ちなみに、モルガン・スタンレーの

財務資料によれば、2018年末時点のウェルスマネジメント顧客向けの貸出・コミットメント総残高約828億ドルのうち、有価証券担保ローンが約447億ドル、融資枠が約106億ドルを占めています。

　読者の中には、日本の金利環境が米国と異なることなどから、有価証券担保ローンビジネスの収益性について疑問視する人も多いかもしれません。しかし、プロダクトからアドバイスへという潮流が日本でも起きつつあり、ウェルスマネジメントビジネスの本質が、富裕層顧客のメイン口座・コア資金を獲得することに変わってきた中で、顧客との関係性を多様化し、深め、強めることがアドバイザーにとっての最重要課題となっています。証券会社であれば、投資信託や投資一任サービスの提供がいわゆる本業となりますが、重層的にサービスを提供し、関係を強めるには有価証券担保ローンが最適と考えられます（相続や事業承継ももちろん重要ですが、一つのファミリーで数十年に一度しか案件が発生しないこともありえます）。米国の金融機関とアドバイザーの多くが、収益性以外の側面、すなわち関係強化のツールとして有価証券担保ローンを積極的に提供しているという事実は、今後日本でウェルスマネジメントビジネスに取り組む関係者が、参考にしても良いのではないかと思います。

野村資本市場研究所　執行役員

関　雄太

著者 Thomas J. Anderson について

　トム・アンダーソンはシカゴ大学で MBA（経営学修士）を、セントルイス・ワシントン大学でファイナンスと国際ビジネスを専攻して BSBA（経営工学学士）を、それぞれ取得しました。大学時代、ロンドン・スクール・オブ・エコノミクスやロンドン大学シティ校のキャス・ビジネススクールのプログラムに参加する等、海外で積極的に勉学を行うとともに、ESCP ヨーロッパのマドリッドキャンパスに 1 年間通いました。

　2002年、トムはペンシルバニア大学ウォートン校で、IMCA（Investment Management Consultants Association）が認定する CIMA（Certified Investment Management Analyst）の資格を取得しました。加えて、カレッジ・フォー・ファイナンシャル・プランニングに通って CRPC（Chartered Retirement Planning Counselor）の認定を受けています。

　トムはウェルスマネジメント業務を始める前、ニューヨークで投資銀行業務を行っていました。また、スペインやメキシコでも業務経験があります。トムは、トップスクールでの金融・経済に関する学術的な研究や国際経験、また金融機関での勤務経験により、世界の市場に対する独自の見識を持っています。

　トムはバロンズ誌の「米国におけるトップ1,000アドバイザー」に 3 度選出される等、ウェルスマネジメントに関する業績が全国的に認められています。現在は妻と 3 人の子供とシカゴで暮らしています。

【監訳者略歴】

木村　賢治（きむら　けんじ）

1985年東京大学経済学部卒。1990年スタンフォード大学経営大学院卒（MBA）。1985年4月野村證券入社。企業情報部長、野村インターナショナル（ロンドン）COO、インベストメント・バンキング担当（グローバルM&Aヘッド）、常務グローバル人事担当などを経て、2018年4月野村ホールディングス執行役員バンキング担当兼野村信託銀行代表執行役社長。2019年4月野村信託銀行代表取締役社長（現任）。野村グループのバンキング担当としてグループ顧客に対して付加価値の高い銀行・信託サービスを提供する役割を担っている。

【The Value of Debt 翻訳チーム】

〈野村資本市場研究所〉

井潟　正彦	常務
関　　雄太	執行役員
岡田　功太	主任研究員
富永　健司	副主任研究員
片寄　直紀	研究員
中村美江奈	研究員
ロザノ容子	アソシエイト

〈野村信託銀行〉

池田　敏之	常務
四丸　勝貴	営業企画部　部長（現野村證券ライフプラン・サービス部）
杉崎　憲之	営業企画部　部長
川口　直紀	営業企画部　課長代理（現審査部）
田村　　梓	営業部　課長代理
徳永　建吾	リテールビジネス事業部　マネージャー
幸徳　　瞭	リテールビジネス事業部（現資金為替部）
林　　久美	リテールビジネス事業部

事項索引

人生100年時代のローン活用術
──有価証券ポートフォリオを活用した戦略的借入れの実践

2020年3月4日　第1刷発行

著　者　トーマス J. アンダーソン
監訳者　木　村　賢　治
発行者　加　藤　一　浩

〒160-8520　東京都新宿区南元町19
発　行　所　一般社団法人 金融財政事情研究会
企画・制作・販売　株式会社きんざい
出　版　部　TEL 03(3355)2251　FAX 03(3357)7416
販売受付　TEL 03(3358)2891　FAX 03(3358)0037
URL https://www.kinzai.jp/

DTP・校正：株式会社友人社／印刷：株式会社日本制作センター

ISBN978-4-322-13464-3